FRANCISCO ALBERTO MADIA DE SOUZA

MARKETING
trends 2021

M.BOOKS

M.Books do Brasil Editora Ltda.

Rua Jorge Americano, 61 - Alto da Lapa
05083-130 - São Paulo - SP - Telefone: (11) 3645-0409
www.mbooks.com.br

Dados de Catalogação na Publicação

SOUZA, Francisco Alberto Madia de.
Marketing Trends 2021 / Francisco Alberto Madia de Souza.
São Paulo – 2021 – M.Books do Brasil Editora Ltda.
1. Marketing 2. Administração
ISBN: 978-85-7680-342-3

©2021 Francisco Alberto Madia de Souza

Editor
Milton Mira de Assumpção Filho

Editoração
3Pontos Apoio Editorial

Produção editorial
Lucimara Leal

Capa
Isadora Mira

2021
Direitos exclusivos cedidos à
M.Books do Brasil Editora Ltda.
Proibida a reprodução total ou parcial.
Os infratores serão punidos na forma da lei.

Ficha Técnica

MARKETING TRENDS é uma publicação anual do MADIAMUN-DOMARKETING, resultado de um exaustivo e incessante trabalho de pesquisa de informações de diferentes fontes e plataformas, com todas as análises correspondentes, no sentido de mapear e identificar as TENDÊNCIAS DO MARKETING E DOS NEGÓCIOS para os próximos anos, realizado especialmente para os alunos da MADIA BUSINESS SCHOOL, e para todos os clientes do MADIAMUNDO-MARKETING.

De autoria e responsabilidade do diretor-presidente do MA-DIAMUNDOMARKETING, Francisco Alberto Madia de Souza, e com o suporte e colaboração de sua equipe de consultores e parceiros e dos diretores-sócios:

Fabio Madia – C.E.O. e consultor master com especialização em digital & global marketing

Sônia Teixeira – diretora de cursos e treinamentos em marketing e consultora master responsável pela Madia Marketing School e pela RHMC – Recursos Humanos em Marketing, Comunicação e Vendas.

Rosamaria H. H. Barna – diretora de assuntos legais relacionados ao marketing e consultora master responsável pela Madia e Barna Advogados

Marcia Aparecida de Sousa – diretora administrativa e responsável pelo portal da Academia Brasileira de Marketing

Maria Helena dos Santos – diretora financeira e responsável pelo portal Inteligemcia

Homenagem

Nesta edição prestamos uma homenagem especial a todas as empresas que confiaram na competência, conhecimento e serviços do madiamundomarketing no correr de 40 anos. A todas, e do mais fundo de nosso coração, muito obrigado!

Ex-Clientes/Clientes

11/21
4BARRA12
AACD – Associação de Assistência à Criança Deficiente
ABAC – Associação Brasileira de Administradores de Consórcios
Abaeté
ABC Bull
ABC Propaganda
Abemúsica
ABILUX – Associação Brasileira da Ind. da Iluminação
ABN Amro Bank
Abralimp
ABRE – Associação Brasileira de Embalagem

Abyara
Ação Comunitária do Brasil
Aché Laboratórios Farmacêuticos
Acnielsen
Adag
Age.Com
Agência Eureka de Publicidade
Agênciaclick
Agnelo Pacheco
Ajinomoto
Alain Delon Diffusion
Alcan-Rochedo
Aldo Lorenzetti
Alexandre Gama
Algar
AlmapBBDO

Alumni
Amesp Saúde
Andros Brasil
Aol Brasil
APP – Associação dos Profissionais
de Propaganda
Armazéns Gerais Columbia
Arquitetura Humana
Arruda Macho Comércio-Elke
Maravilha
Artplan Publicidade
Associação Brasileira de Cimento
Portland – ABCP
Associação Brasileira dos
Acampamentos Educativos
Associação Comercial de São
Paulo
Associação Rodrigo Mendes
Atacado Vila Nova
Auto Estilo
Avant Garde
Avon
Bahema – Arby's
Banco Alfa de Investimentos
Banco Bamerindus
Banco BBA Creditanstalt
Banco BCN
Banco Bilbao Vizcaya
Banco BMB
Banco BMC
Banco BMG
Banco Bradesco
Banco Crefisul de Investimentos
Banco Itaú
Banco Mercantil de São Paulo
Banco Pactual

Banco Santander
Banco Sudameris
Banco Sul América Scandinavian
Banco Volkswagen
Bates Brasil
Bauducco
BBC Comunicações
Benedito Abbud
Big Brands
Big Man
Bolsa de Mulher
Bon Beef Restaurante
Borghierh Propaganda e Marketing
Bozano/Colorama
Bradesco Capitalização
Bradesco Saúde
Bradesco Seguros
Brandani
Brasciclo
Brascola
Brasil.com
Brasilconsult Participações
Brasilprev
Brasinca
Bridge Comunicação
Brinquedos Estrela
Bristol-Myers Squibb
Buffet Magic Blue
C&A
C&Fm Televisão e Cinema
Caixa Econômica Federal
Calia Assumpção & Associados
Caloi
Câmara do Livro
Camargo Campos
Camil Alimentos

HOMENAGEM • 7

Cápsula Comunicação
Carville
Casa de Idéias
Cavalcanti Advogados
CEDIPLAC
Cemitério Israelita de São Paulo
Centro Automotivo Eldorado
Centro de Estudos de Enfermagem
8 de Agosto
Centro Educacional Brandão
Cheil Comunications
Chopp & Cervejaria Germânia
Christian Dior
Christina Carvalho Pinto
Cia. União dos Ref. de Açúcar e
Café
Cinasita
Circuito Digital
Citibank
Ckapt Marketing Direto
CNA
Coelho da Fonseca
COFAP
Coinvalores
Colucci
Comfam
Companhia Melhoramentos de
São Paulo
Company
Compuhelp
Compumarketing
Compushop
Compusoft
Comunicação Contemporânea
Concivil/Estanplaza
Consórcio Nacional Garavelo

Construtora Andrade Gutierrez
Construtora Lider
Construtora Wasserman
Consul
Conteúdo Comunicações
Contexto
Continental Shopping Center
CORE Conhecimento Orientado a
Resultados
Corporação Rossi
Correio Braziliense
Cotia Comércio Exportação e
Importação
Credicard
Criativa
Daisy Nasser – Equipe de Eventos
Data Byte
Deloitte Touche Tohmatsu
Delta Propaganda
Demasi Comunicações
Denison Propaganda São Paulo
Dinheiro Vivo Agência de
Informações
Disbel
DM9-DDB
Dori Alimentos
DPTO Promoções
DPTO Propaganda
DPZ Propaganda
Ducoco
Duda Mendonça & Associados
Dutoflex
Edições Paulinas
Editora Azul
Editora Gente
Editora Minden

Editora Peixes
Editora Referência
Editora Roca
Editora Três
Edo Rocha Arquitetura e
Planejamento
Eldorado Plaza
Eldorado Shopping Center
Elias & Michelin
Emagrecendo.com.br
Employer
Empresas de Águas São Lourenço
Engevix
Escola Superior de Propaganda e
Marketing
Escritório Mauro Guatelli
Eurofarma
Excelsior Distribuidora
Experimento de Convivência
Internacional
Expressão Brasileira de Propaganda
F/Nazca S & S
Fasano
Faxxon
Federação Nacional da
Distribuição de Veículos
Automotores – FENABRAVE
Filtros Fram
Fininvest
Fischer América Comunicação
Total
Fontovit Laboratórios
For Marketing E Publicidade
Ford Divisão Eletrônica
Full Jazz
Fundação Pró-Sangue

Furukawa Industrial
Futura Propaganda
Gafisa
Garavelo Óleos
Garden Hills Editora e
Distribuidora
Garrubbo Blindagens
Gave Veículos
General Motors do Brasil
Ghirotti
Giannini
Gilbarco do Brasil
Giovanni, FCB
Globe
Goen3 Comercial
Grad Dammann
Gráfica Jandaia
Granja Rezende
Grottera Serviços de Marketing
Grupo Bem Emergências Médicas
Grupo Edson Queiroz
Grupo Ticket Serviços
Grupo VR
GSI Gerdau Serviços de
Informática
Gtech Holdings
GTM&C
Guarany
Guimarães e Giacometti
Publicidade
Guy Laroche
Hang Loose
Hipermercado Eldorado
Holográfica Produções
Hospital Nove de Julho
Ibope

HOMENAGEM • 9

IEP
Impact
Incentive House
Indústrias Alimentícias Maguary
Indústrias Arteb/Arturville
Innovator
Instituto Paulo Gaudêncio
Instituto Radial de Ensino e
Pesquisa
Interchange
International Medical Center
International Paper-Toga
Interview
Iochpe-Maxion
Ipas Brasil
Italo Bianchi
Itap
Itaú Seguros
J. Macêdo Alimentos
J. Walter Thompson
J.Alves Veríssimo
J.B. Lodi
J.Cocco
JC Designeres
Johnson & Johnson
Julio Bogoricin
Kartro
KHS Indústria De Máquinas
Kolynos do Brasil
Laboratório Sardalina
Laboratórios Biosintética
Lage Stabel & Magy
Lanzara Gráfica Editora
Latina Motors
Leite Xandô
Leo Burnett

Lew Lara Propeg
Lista Mais
Listel
Lloyds Bank
Lorenzetti
Lowe Lintas
Lowe Loducca
Lowe Ltda
LPM
Lucas Yuasa do Brasil
M Design
M.Books do Brasil Editora
Makron Books
Marelli Móveis
Marisa Lojas
Mark Up
Master Comunicação e Marketing
Max 35 Filmes
Mazz Design e Comunicação
Visual
Mc Software
Mccann Erickson
Mecaf Mecânica Fina-Rima
Medial Saúde
Merit Comunicações
Mesbla
Método Engenharia
Modem Media
Moinho São Jorge
MPM Lintas Comunicação
Multiplast Ind. e Com. de
Plásticos
Munir Abbud
N,F&A – Negrão, Ferrari Sociedade
de Advogados
Nasha International Cosméticos

Natura Cosméticos
NB-C
Nec do Brasil
Neogama
Neosaldina
Net Brasil
Netfactory
Newcommbates
Newlab Brand Building
Nicola Colella & Cia.
Nikkey Palace Hotel
Nista Marketing Digital
Nova S/B
Novagência
Oficina Brandesigners
Ogilvy
On Film Produtora
Cinematográfica
OP
Oswaldo Cruz Sl Saúde
Overture
Padrão Editorial
Paging Network Brasil
Palladium
 Pão de Açúcar Publicidade
Paschoal Fabra Neto
Pastore
Paz Comunicação
Petrobras
Philip Morris
Pirelli
Pit Comunicação
Plamarc
Planet Sat
Playcenter
Popular Comunicação

PPF PARTICIPAÇÕES
PPR – Profissionais de Publicidade
Reunidos
PPS Permalit Pzm Sports
Prefeitura de São José dos Campos
Press Express
Prodigo Films
Produções Cinematográficas Aba
Produtiva
Promenade
Promerchandising
Promovisão
Propeg
Proxion Brasil
Proxis Contact Center
Pubblicità Propaganda e
Marketing
Publicis Norton
Pueri Domus
Pulsar Criação e Produção
QG Comunicação
Qu4tro Arquitetos
Rádio Alpha FM
Rádio e Televisão Bandeirantes
Rancho Ranieri
Raul Boesel
Record
Red Bull
Rede de Entregas
Rede Drogão de Drogarias
Renasce Rede Nacional de
Shopping Centers
Revista América Economia
Revista dos Tribunais
Revista Exame
Rezende Alimentos

HOMENAGEM • 11

Rhodia
Ricardo Julião Arquitetura e
Urbanismo
Rino Publicidade
Rodeio
Rodrigues Lima
Rogério Medeiros Fotos e Imagem
Rossi Residencial
S, A&A Comunicação e Marketing
Saint Gobain
Saldiva
Salles/Dmb&B
Salotex
Santa Clara
SAO – SEGURANÇA CONTRA
INCÊNDIO
São Paulo Fashion Center
SBT
Schering do Brasil
Secovi
Secretaria do Estado da Ind. e
Com. Paraná
Secretaria do Governo e Gestão
Estratégica de São Paulo
Seller's Comunicações
Sepaco
Sequência
Seragini, Farné Design
Sétima Arte
Setin Empreendimentos
SGB
Shopping Agro Road
Shopping Jardim Sul
Shopping Metro Tatuapé
Show Days
SHV

Siapapeco
Siemens
Simas Industrial
Sindicor
SKY
SM Estratégias Promocionais
SN Publicidade
Sociedade Corretora Paulista –
SOCOPA
Soluções Comerciais
Sony Amazônia
Souza Aranha
Souza Cruz
Spark44
Spenco Engenharia e Construções
SRCA
ST Propaganda
Starmedia do Brasil
Starsat Brasil
Stilizzata
Studio A Motel
Subaru
Sul America Seguros
Sun Marketing Direto
Sun&Sea
Synergie Multicomunicações
Tabatinga Hotel
Tag
Talent
Talento Publicações Editora E
Gráfica
Tapetes Bandeirante
Taterka Comunicações
Teatro Municipal de São Paulo
Teen By Daslu
Teleatlantic Com. e Monitoria de

Alarmes
Telefônica
Telenova Soluções Para Internet
Telet
Toga
Totalbus
Touché Propaganda
Transurb
Trimax Participações
Trip Editora
Trump Realty Brazil
Empreendimentos
Tupy Perfis
TV Globo
TWW do Brasil (Pagnet)
Unibanco
Unishopping
Universidade São Judas
Upgrade
Upper Comunicação E Marketing
Varig
Vega
Veloz Táxi Aéreo
Vera Cruz Seguradora

Via Empreendimentos
Vidrotil
Vila Romana
Virtual Store Comercial
Visanet
Vista Tecnologia
Vistage
Vogue
Voli Auto Peças
Volkswagen
VS Escala
W/Brasil
Way of Light
Webfopag
Weril
Wired On Productions
WTC – World Trade Center São
Paulo
Yahoo! do Brasil
Young & Rubicam
Young Lions
Z3 Convergence
Zero 11 Propaganda
Zicard

Homenageamos, também, todos os profissionais, empresários e professores, que compartilharam seu inestimável conhecimento, decorrente de décadas de práticas, com os alunos de todos Programas e Cursos da MBS – MADIA BUSINESS SCHOOL. A todos eles, e, também, nossos melhores e mais emocionados agradecimentos.

Sumário

1. **Admirável Mundo Novo** 17
Passeadores de Cães e Cuidadores de Idosos 18
Mateus 22, ou, Corrida de Espermatozoides.....................................19
Filas 21
Guerra! 23
Cerzir, Recuperar, Corrigir, Passar a Borracha, Resgatar e Tornar
Inteiro e Genuíno, Novamente; Ou, o Dia em Que Morrer
Será Opcional 25
Patty McCord 27
Gameeducation 29
Um Novo Bretton Woods 31
Vício Inerente 33
Burnout. Ou Agora Não É Mais Assim..36

2. **Inteligência de Mercado** 39
Quem Cuspir Primeiro Ganha 40
Mulheres Vivem Mais..41
Startups: Oportunistas e de Raiz 43
Viralizaram a Pururuca 45
Inteligência Artificial, e a Morte 47
Acabou a Gordura 49
Transição Exemplar 51
Sono! 54

14 • MARKETING TRENDS 2021

Nudismo, a Tendência!...56
Lojas e Cosméticos: À Volta ao Passado...............................58

3. Sucessos, Fracassos, Aprendizados 61
Uber, ou, Rebu!...62
O Airbnb Não É Mais Aquele...64
O Resgate da Lego 65
Stella McCartney e o Marketing 67
Exame Vip? Lembram..70
Boeing, Max, 737: O Comercialmente Perfeito É um Desastre.........72
Netshoes – O Quase Primeiro Unicórnio Brasileiro Ficou pelo
     Caminho...76
Hambúrguer Vegetal? Esqueçam Essa Bobagem... 80
Papai Noel Nasceu na Lapônia, ou, em Gramado? 82
WeWork 84

4. Branding 87
Daniel Barenboim..88
Branding ou Seguro de Vida..90
Beijinho Doce, Abraço Apertado, Amor Sem Fim.........................92
O Baf – Branding Atrocities Festival – Prossegue 93
Coca-Cola Movimenta-se..95
Sarah Brightman Branding 96
Volvo Saved My Life..98
Ketchup Heinz 100
O Mundo Cão 102
A Lição Memorável de Paulo Zottolo 105

5. Desafios, Ameaças, Oportunidades 111
O Tempo Certo das Coisas e da Vida...................................112
Catadores de Patinetes...114
Copan, Sonho de Consumo..115
A Cabeça dos Startupeiros 117
O Fim das Escolas de Línguas?..120
Semana de Quatro Dias..121

O Risco de Grandes Apostas.. 123
O Oceano Azul Avermelhou; e, Sangra! 125
Telemarketing Deveria Ser Ótimo 128
Homens de Chapéu, Novamente? 130

6. Coisas do Brasil **133**
A Era Disco Voltou! Voltou?.. 134
Brasil, Vendendo Quadros para Salvar Museus............................... 135
Maneiras Estúpidas de Morrer... e Matar! 138
Brasil para Turistas... Brincadeira! 139
Lojas Cem, a Exceção 141
Perder a Fé, Jamais! 143
Nós e as Montanhas... 144
Caoa e a Velhinha de Taubaté dos Jornais... 146
Até o Cafezinho.. 147
O Monstro 149

7. Efemérides e Ícones...**151**
O Anel do Papa 152
Lee Iacocca 153
Fusca: Quantos Anos Vive um Produto?.. 155
Woodstock, ou, Jamais Tente Replicar o Irreplicável...................... 157
A Mão, o Dedo, e a Cabeça de um Indiano.. 159
Rosi e Gisele 162
E Jack Ma Aposentou-se! Será? 164
1111 165
O Bom Ladrão.. 168
Urgência de Viver 170
"Seo" Brandão 171

8. Inovar É Preciso, Viver Não É Preciso **173**
Silicon Valley, Think Tanks, Academias, e Estado Aplicativo.......... 174
Em Defesa do Feijão 176
Seja Banco! 178
Pobre Mercedes 179

16 • MARKETING TRENDS 2021

CNN Brasil e MRV..181
Cosplay World 182
Brasil Marmita, Ou, o Novo Olhar nos Negócios de Alimentação 183
Contrato de Namoro 186
Festa do Pijama 188
Bacio di Latte 190

9. Balanço de Categorias 193

Sears, Agoniza, e.. 194
R$ 200 Por um Quilo de Café! What???!!! 195
Roda-Gigante... 197
O Jogo do Bafo nas Grandes Corporações 199
Android e iOS, um Mundo Dividido...201
A Guerra do Frango..203
Cenas do Derretimento: Varejo 204
PCs, A Crise Silenciosa...207
China É a Referência 209
Shopping Centers
   Mais Três Shopping Centers no Brasil. Para Quê? ou Novinhos e
   Já Enrugados...212

10. Marketing Legal...215

Bitcoinscrimes... 216
Crianças e Passarinhos..218
A Pesquisa da Wap... What!!!??? 219
O Dia em que A Latam Esqueceu o Microfone Aberto...................221
Boimate, Felipão, e o Parque da Disney em Brasília...................... 222
As Cigarreiras Não Desistem e Muito Menos se Emendam............ 223
Carteiro, Profissão de Alto Risco 225
Iogurte Grego, ou o Marketing, os Negócios, a Vida, no Brasil...... 226
Paradoxos da Vida Moderna.. 228
J&J, Uma Vez Mais, na Justiça Americana..................................230

CAPÍTULO 1

Admirável Mundo Novo

Durante anos as famílias que se mudavam no Brasil recorriam aos serviços da LUSITANA. Que adotou como "positioning statement", "O MUNDO GIRA E A LUSITANA RODA". Só que desde 1971, com o advento do microchip, mais que rodar, o mundo escala e tira a todos do eixo...

Nos bairros elegantes e ricos das cidades, agora passeadores de cães e de idosos tomam conta das ruas. Milhares de empresas em todo o mundo correm desesperadamente na busca de se converterem no próximo unicórnio. E as filas passam a integrar as paisagens. Filas de desempregados na busca de uma recolocação, Filas de alpinistas querendo tirar uma self no topo do Everest.

Vivemos a véspera da eclosão da maior guerra no mercado financeiro do Brasil. Enquanto muitos de nós preparam-se para cruzar os 100 anos e para um mundo onde e talvez morrer seja opcional. E muitas das barbaridades e toxidades que PATTY McCORD recolheu no deletério VALE DO SILÍCIO.

GAMEEDUCATION é o caminho da educação, mais que na hora de se convocar uma nova BRETTON WOODS, e o tal do VÍCIO INERENTE a tudo e a todos. Enquanto o BURNOUT vai tomando conta de corações e mentes acelerados.

Passeadores de Cães e Cuidadores de Idosos

Qualquer semelhança é mera coincidência... Talvez, não. Cães e pessoas de idade, como se dizia antigamente, constituem-se, no tema da maior preocupação e cuidados dos que têm um ou os dois. No bairro onde moro, Higienópolis, cuidadores e passeadores existem numa mesma proporção. Impossível, durante o dia, não cruzar com um dos dois grupos, muitas vezes com os dois; velhos, cães, e seus respectivos passeadores e cuidadores, a cada quarteirão. Na maioria dos demais bairros da cidade de São Paulo, a quantidade de cuidadores e passeadores repetem-se.

A realidade é que, nos tempos em que vivemos, os casais não têm com quem deixar. Não têm com quem deixar não apenas as adoradas crianças, mas cães, e seus amados velhinhos, não necessariamente nessa ordem. E, assim, precisam de ajuda. O que acaba constituindo-se num estímulo a mais na adoção do home work por muitas empresas, onde a característica dos serviços possibilita essa solução. Pessoas que passam a trabalhar em casa têm uma possibilidade de supervisão presencial física maior, e produzem mais porque se sentem mais seguras e conseguem concentrar-se mais nas tarefas profissionais. Mas, e mesmo assim, isso não elimina a necessidade nem dos passeadores, nem dos cuidadores.

Na minha viagem a Nova York, no ano retrasado, quando íamos para o aeroporto na volta, e conversando com a motorista de táxi que nos levou, cruzamos com um passeador de cães, com quatro cães sob seus cuidados. Ela nos contou que em média cada passeador, dependendo do número de cães que leva, ganha entre US$ 70 a US$ 150 por dia. O que no final de um mês ronda ou ultrapassa US$ 2,000 – nada mal.

Já no Brasil os números são bem mais distantes, mas, e mesmo assim, uma ótima alternativa num momento de falta de empregos. Especificamente em relação aos cuidadores de idosos a tendência é de crescimento vertiginoso e consistente. Estamos envelhecendo e, com isso, aumentando a demanda por esses serviços. Segundo as estatísticas do Ministério do Trabalho, no ano de 2007, eram 5.263 pessoas que ganhavam a vida, formalmente, como cuidadores de idosos. Em 2017, esse número foi multiplicado por quase sete e fechamos o ano com 34.051 profissionais. Em 2018, ultrapassamos os 40.000, não contando, claro, uma outra quantidade expressiva desses cuidadores e que trabalha na informalidade. Ou seja, gradativamente cuidar de idosos, vai se convertendo, no mínimo, num business mais que interessante, de um lado, e essencial, de outro.

A unidade da Cruz Vermelha na cidade de São Paulo oferece cursos de Cuidadores em três períodos. Manhã, tarde e noite. Em 2008, formou 100 cuidadores. Em 2018, 400! E quase todos terminam o curso com uma fila de famílias esperando na porta para contratá-los. O Senac vem qualificando cuidadores também desde 2009. E até o final de 2019, foram mais de 60 turmas em suas diferentes unidades, e exclusivamente no Estado de São Paulo.

Um cuidador de idosos ganha entre R$ 1.200 e R$ 1.500, mais alguns benefícios. Em determinadas regiões das grandes cidades o salário ultrapassa os R$ 2.000 e, alguns, excepcionalmente, chegam aos R$ 3.000.

Quem diria, no final do século passado, que duas novas profissões iriam tomar conta, gradativamente, da paisagem das grandes cidades... Cuidadores e Passeadores, caminhando pelas ruas, com seus cães e velhinhos. Merecem nosso amor, carinho, respeito, homenagens. Os que cuidam e os cuidados; os que passeiam e seus passeadores. Nós.

Mateus 22, ou, Corrida de Espermatozoides...

Milhares serão as startups chamadas. Uma, talvez, duas, no máximo, escolhidas.

Conforme já comentei em alguns artigos e entrevistas, a corrida das startups em busca do sucesso assemelha-se e em muito à corrida dos espermatozoides. Milhares correm na tentativa, mas apenas um chegará lá. Se tanto! Mais ou menos como em Mateus, 22: "Disse, então, o rei aos servos: Amarrai-o de pés e mãos, levai-o e lançai-o nas trevas exteriores; ali não haverá pranto a ranger de dentes... Porque muitos serão os chamados, mas poucos, os escolhidos..." Repito, É pior que Mateus 22. No máximo, 1 ou 2, os escolhidos.

Quase todas as empresas de comprovado e monumental sucesso de hoje, Amazon, Google, "Feice", levaram anos para os primeiros lucros. No mínimo, 5 anos no vermelho. Talvez, e dentre todos os exemplos, o da Amazon seja o mais emblemático.

Fundada pelo agora divorciado Jeff Bezos no ano de 1994, apenas 7 anos e dois trimestres depois, conseguiu ver um primeiro e tímido azul em seu balanço. Já Spotify, Uber, Lyft, e muitas outras mais, continuam crescendo de forma acelerada nas receitas, mas, em quase idênticas proporções nos prejuízos, demandando mais e mais investimentos. Quanto mais crescem mais perdem dinheiro...

O importante, dentro dos novos critérios e da realidade do mundo, é que a partir de um determinado momento as receitas tenham uma aceleração proporcionalmente maior que as despesas. E que em 3,5,10 20 anos, a curva das receitas ultrapasse, finalmente, a das despesas e as empresas venham a ser lucrativas.

Neste momento, as supostas vencedoras, tudo o que querem é tomar e ocupar o espaço. Escalar. Ganhar dinheiro, só depois de ocupado o espaço, um pouco mais adiante... claro, se os investidores mantiverem-se pacientes. Spotify, por exemplo, uma das empresas da nova economia de maior sucesso de público e de crítica, dia após dia vai se encaminhando para tornar-se um grande fracasso econômico. Mesmo com sua curva de receitas apresentando velocidade maior que a das despesas, isso só foi possível até aqui pela falta ou incompetência dos poucos concorrentes.

De 2018 para cá essa situação inverte-se, com a entrada de novos e poderosos players no território do streaming de música, e assim a perspectiva de um dia a Spotify tornar-se lucrativa vai ficando pelo caminho. E com a chegada dos novos concorrentes os detentores dos direitos autorais aumentaram o apetite e querem renegociar o valor desses direitos... Para Cima! A conta não fecha. Lucro, então, pode esquecer. Ou seja, amigos, apenas estamos engatinhando na ciência e na arte de criarmos empresas poderosas dentro da nova econômica com consistentes possibilidades de sucesso.

No fundo — e não existe fundo —, não exatamente, mas, quase uma corrida semelhante à dos espermatozoides, ou, a Mateus 22, muitos chamados, pouquíssimos escolhidos. Em tempo. Tudo o que comentamos diz respeito à primeira onda de disrupção. A partir de agora começa a segunda. Novos disruptores disruptando os disruptores da primeira onda. Em síntese: mesmo as exceções vencedoras, estarão submetidas a um permanente provarem-se relevantes. Sempre! Caso contrário... Mateus 23... "eis que a casa de vocês ficará deserta...".

Assim é o Admirável Mundo Novo que está nascendo. Plano, líquido, colaborativo, impiedoso. Sem segundas chances e apreço zero a incompetência e mediocridade. Talvez alguns de vocês sintam-se tentados a dizer, mas, como esse mundo é cruel. Sinto muito amigo. O mundo não é cruel. O mundo é o mundo. Feito por nós. Somos nós mesmos, consumidores diplomados, que prezamos nossa moeda tempo, nossa moeda dinheiro, pela ordem, e abominamos irrelevâncias. Finalmente, chegou nossa hora e nossa vez. Talvez, o melhor do ser humano. Querer evoluir e prosperar. Exigir mais e melhor. Para todo o sempre. Amém!

Filas

Um mundo onde, não obstante crises de diferentes matizes, espectros e dimensões, constatamos, perplexos, a multiplicação de filas.

22 • MARKETING TRENDS 2021

De repente, Filas! Filas e mais filas. Filas de semanas no Brasil e no mundo para a compra de ingressos; shows, jogos, eventos. Algumas pessoas passam dias nas filas. Comem e dormem. Alguns casamentos começaram nessas filas. São as filas de alegria e emoção, na expectativa da realização de um sonho.

Do outro lado das ruas e avenidas das principais cidades do país, as filas de dor e tristeza. Filas de milhares de pessoas na expectativa de um emprego. E ainda uma outra enorme fila que ninguém vê, fotografa, registra, de milhões de pessoas que cansaram-se de permanecer nas filas, e sem conseguir emprego. A fila dos desalentados. Permanecer na fila custa e acabou o dinheiro. Alguns, excepcionalmente, vez por outra, voltam para a fila. Não é que resgataram as esperanças. Trata-se de um bico. Ganham, para ficar na fila, guardando lugar para outras pessoas... Profissão provisória, "fileiro".

E fora daqui, filas para tudo. Inclusive, e, por exemplo, para escalar o Everest. Filas de centenas de alpinistas. Meses atrás, e dentre os que aguardavam nas filas do Everest, 13 mortes. 11 do lado nepalês, e 2 do lado chinês. Na fila do lado nepalês, 800 pessoas. No chinês, 300. Mil e cem pessoas esperando na fila para realizar e documentar um sonho. Mil e cem alpinistas em Fila Esperando sua vez de Pisar no Topo e Tirar uma Self...

Enquanto no Brasil as filas referem-se à admiração de pessoas, na maioria jovens, por seus ídolos, e de pessoas desesperadas em busca de alguma ocupação e dinheiro, no Nepal e na China a fila decorre do crescimento absurdo do número de alpinistas, pela emissão desmedida de permissões de subida pelos dois países, e muito especialmente pelo que se denomina de Janelas Meteorológicas.

Quando, depois de esperas de dias, as condições meteorológicas revelam-se favoráveis. E aí, alpinistas de plantão, saem ao mesmo tempo na tentativa de realizar o sonho. E, alguns morrem... Mais ou menos quando vez por outra, alguma empresa anuncia vagas e imediatamente filas monumentais invadem ruas e calçadas. Numa espécie de raríssimas Janelas de Empregos. E também, como no Everest, algumas pessoas morrem...

Precisamos acelerar o processo de recuperação econômica do Brasil. A situação é desesperadora. Hoje não apenas nos mais pobres, mas a degradação da classe média brasileira é devastadora. Monumental! Fila é bom e se enfrenta com alegria e felicidade, mesmo cansando, quando se tem a certeza de um final feliz. Fila é um castigo redobrado, cruel e impiedoso quando a perspectiva de sucesso é quase zero. Na maioria dos casos e das pessoas, zero.

Só existe uma maneira de acabar com a fila visível dos desesperançados, mas teimosos na busca de um emprego, e das filas invisíveis dos desalentados. Passou da hora do Brasil voltar a crescer. Que cada um dê o máximo que estiver a seu alcance, seja lá o que for, para que isso aconteça o mais rápido possível. Se possível, a partir de hoje.

Guerra!

Prossegue a maior de todas as guerras jamais acontecida e muito mesmo imaginada no mercado financeiro do Brasil. Ótimo para as empresas, ótimo para as pessoas. O oceano azul converteu-se numa carnificina só. E existe hoje, e escalando dentre as tais de fintechs, um BigPlayer denominado AME sobre quem falaremos mais adiante.

E, Fintech é a designação genérica de todas as manifestações novas e disruptivas que vem ocorrendo no mercado financeiro, mas que acabou colando mais nas pequenas e especializadas manifestações, tipo empresas de cartões, de maquininhas, plataformas de crédito, gestão de investimentos, etc. E também, e dentre as fintechs, figuram as Bigtechs. Neste momento afiando suas garras para o ataque final: "Feice", Google, Amazon, Apple, principalmente.

E, ainda, as Ex-Partnerstechs – parceiros leais e fiéis até ontem, que se descobrem não apenas não precisando mais dos bancos, como capazes de concorrer com os mesmos em condição de igualdade em determinados aspectos, e, superioridade, em outros. Assim, alinha-se, também, na linha da partida esse novo tipo de manifestação. Amigos e parceiros de ontem, e adversários a partir de agora. Na mesma linha de partida e dentre os ex-partnerstechs temos a Luiza, Via Varejo, Mercado Livre, Pão de Açúcar e muitos e outros mais. E desses todos, quem está colocando-se ostensivamente na frente, é o B2W. Todos esses velhos amigos de ontem, e agora concorrentes de hoje, começam a se apresentar oferecendo o que chamam de Superapp. Que traz um monte de outros serviços integrados, e, também mais de 95% de todos os serviços que são utilizados pela maioria dos clientes dos bancos.

Por exemplo, e segundo Fabio Abrate, diretor financeiro da B2W, e que acaba de lançar a plataforma AME, e como empresa independente: "A gente entende que pode transformar esse negócio num Superapp, ou seja, incluir uma série de serviços e funcionalidades para que de fato a AME conviva com o cliente desde a hora em que ele acorda até a hora que vai dormir...". A nova plataforma empresa, tem sua composição acionária dividida em 56,92% com a Americanas, e 43,08% com a B2W. E nos bastidores comenta-se que alguns dos principais bancos do Brasil estão analisando a possibilidade de comprarem uma participação expressiva na nova empresa.

Ou seja, amigos, Guerra! A única palavra capaz de traduzir o que acontece agora no mercado financeiro do Brasil. E quando teremos a paz? Não antes de 10 anos. Estamos vivendo apenas o primeiro round. Depois vêm todos os demais. Disrupção em cima de disrupção. E um dia, não muito distante de hoje, teremos dificuldade de contar para os jovens como eram os bancos, com dezenas de diretores, todos ganhando muitos e generosos bônus a cada 6 meses, com dezenas de milhares de funcionários, com milhares de agências, e acreditando que o primeiro, segundo e terceiro melhor negócio do mundo jamais teria que se reconsiderar.

Lembram... O primeiro negócio do mundo é um banco bem administrado; o segundo, um banco mal administrado, o terceiro um banco pessimamente administrado, o quarto... E pra piorar e agregar pimenta das fortes, Coronavírus! Com milhares de empresas olhando para os grandes bancos do país, e dizendo, sinto muito, não tenho como pagar.

É isso Amigos. Guerra é Guerra. E todas as vezes que a concorrência se acirra, prevalecem os melhores e ganhamos nós, consumidores. Essa guerra no mercado financeiro é uma guerra santíssima e pela qual esperamos durante décadas. Finalmente chegou. E temos muito a comemorar. Claro, depois que o Coronavírus partir.

Cerzir, Recuperar, Corrigir, Passar a Borracha, Resgatar e Tornar Inteiro e Genuíno, Novamente; Ou, o Dia em Que Morrer Será Opcional

Semanas atrás a revista Nature publicou um artigo que foi aprovado pelo seu quadro de editores em tempo recorde, dada à importância da notícia e qualidade do avanço científico. Seguramente o maior avanço da medicina deste século, e que institucionaliza a Medicina Corretiva, o CRISPR CAS 9 e outras técnicas, e revela agora uma nova evolução e salto, uma consistente, entusiasmante e espetacular evolução.

Se desde 2013, já tínhamos a caixa de costura das espécies, com tesoura, agulha, carretel, dedal e linha, agora ganhamos a borracha. É só apagar e está tudo resolvido. Um grupo de cientistas da Universidade de Harvard e do MIT – Massachusetts Institute of Technology – conseguiu aperfeiçoar e simplificar as aplicações do CRISPR CAS 9. O que passou a se conseguir com as novas conquistas, e com a chegada da Medicina Corretiva, é semelhante ao que se fazia secularmente com os tecidos.

Por infinitas razões, alguns tecidos saiam das tecelagens com pequenos defeitos, ou, mesmo depois de convertidos em roupas, passavam por acidentes que os danificavam. Lembra, quando sua saia enganchou num prego e fez um buraquinho? Ou seu paletó ficou preso na porta do carro e causou uma pequena machucadura no tecido?... Então se recorria às habilidades e competências dos cerzidores para as duas situações. Para corrigir os tecidos que chegaram ao mercado com pequenos defeitos, e para corrigir os que apresentavam defeitos depois do uso.

As novas técnicas de edição genética possibilitam ainda, sempre que necessário, que essas correções aconteçam por antecipação, antes mesmo de o tecido ser fabricado. Que suas linhas sejam corrigidas antes de entrarem na máquina, e que, e principalmente, todas as espécies sejam corrigidas antes de ganharem vida. Eu disse todas, muito especialmente a humana. Os ganhos pela nova conquista, ou nova técnica, que aperfeiçoa e aumenta as possibilidades do CRISPR, denomina-se Prime Editing. Lembra, com o CRISPR, passamos a cerzir, com o Prime Editing, ganhamos uma borracha, é suficiente apagar... Os anjos da guarda bactérias do organismo naturalmente encarregam-se do resto.

Como não poderia deixar de ser, se esse tipo de conquista pode ser testado e usado imediatamente para todas as demais espécies, muito especialmente as vegetais possibilitando ganhos monumentais de produtividade nas lavouras de todo o mundo, brevemente ninguém mais vai morrer de fome e eliminaremos radicalmente a poluição da atmosfera por criações em ambientes fechados. Já nos humanos os cuidados são maiores. Muito especialmente pelo desconhecimento, ainda, de eventuais decorrências. De qualquer maneira, mais um importante passo na direção de considerarmos, muito brevemente, vivermos, no mínimo, 150 anos com uma vida de ótima qualidade.

Em síntese, e se nos últimos 100 anos ganhamos 40 anos a mais de vida, muito especialmente pelas conquistas da medicina preventiva, agora, com a corretiva, talvez venhamos a afirmar no final deste século, alguma coisa como, "nos últimos 200 anos, ganhamos mais 100 anos de vida...". E as COVIDs de todos os tipos, aí sim, e verdadeiramente, nem mesmo uma gripizinha serão. O vírus será desarmado muito tempo antes de começar a fazer estragos. Quem sabe até, em algum momento, morrer venha a ser opcional.

Patty McCord

Durante 14 anos Patty comandou o capital humano da Netflix. Saiu da empresa em 2012 e decidiu-se por um périplo nas principais empresas de tecnologia no Vale do Silício. Mapeou infinitas informações, fotografou e filmou a realidade, filtrou através de sua experiência, e traduziu todo esse conhecimento no livro Powerful – Building a Culture of Freedom and Responsability. Esteve no Brasil em novembro de 2018 e em evento da HSM. Trouxe informações e ensinamentos fundamentais para o entendimento e compreensão do capital humano nas empresas da Nova Economia.

Fui atrás e compartilho com vocês agora uma síntese de tudo o que aprendeu e constatou em seu périplo pelo Vale do Silício, e sob a luz de sua experiência.

1. Pare de virar os olhos, não tente dissimular. Assuma e encare que tudo está mudando. E se é assim é, absolutamente impossível alguém sentir-se confortável. Se você é líder e em momentos como o que vivemos, sua missão maior é garantir a todos o direito de participar e falar. Muito provavelmente, o insight mágico que sua empresa precisa está ao seu lado e sob seu comando.

Portanto, se você sente-se tranquila e confortável alguma coisa está errada. Preocupe-se.

2. Líderes, hoje, têm uma única missão. Criar um ambiente de trabalho livre, transparente, feliz e divertido para seus comandados e onde possam dar o máximo de suas contribuições.

3. Chega de processos. A solução dos problemas decorre de uma nova e consistente disciplina. Durante a travessia você não fica contando remadas nem corrigindo posturas. Você estabelece disciplinas que conduzam a melhores práticas. Qual a vantagem de se naufragar com todos remando de forma impecável?

4. Jamais esconda da equipe a dimensão dos desafios. A melhor combinação que consegue o máximo de todos passa por propósitos claros e plena consciência do que tem que ser entregue.

5. Ao dar o essencial feedback, jamais pessoalizar. Avalie a ação, jamais o comportamento de alguém do time. E aí, sim, todos aproveitam, e a performance melhora.

6. Por decorrência, feedbacks sempre em grupo, jamais individualmente. O grupo não tirará nenhum proveito e provavelmente incidirá nas mesmas e equivocadas práticas.

7. Você é o paradigma, o benchmark, a referência. Faça, seja e comporte-se como todos devem se comportar. A voz da ação superpõe-se às palavras e discursos.

8. Além de melhorar recorrentemente a competência de seus comandados, questione-se sempre se fora não existe alguém melhor e mais adequado ao que sua empresa precisa e quer. Pergunte-se, sempre, "Estamos diminuindo nossos potenciais e possibilidades por nos acomodarmos a equipe que temos e não pela que deveríamos ter?".

9. Fique esperto se a felicidade de sua equipe decorrer mais das regalias e benefícios do que da emoção dos desafios e engajamento. Existe algo de muito errado acontecendo.

10. Alô, Alô, você faz parte de um time, de uma equipe, jamais de uma família. Família é única e é a que você tem.

Chocante! Mas, verdadeiro. Tentar tocar as empresas da Nova Economia com a mesma base de conhecimento, aprendizados e cultura da velha economia é a certeza absoluta de fracasso total. Patty McCord disse tudo.

Gameeducation

Há 47 anos era lançado o primeiro videogame do mundo. Em um console, e sob a marca Magnavox Odyssey. Criação pelo que é considerado hoje o pai dos videogames, Ralph Baer, teve seus primeiros esboços colocados em papel em 1951, o primeiro protótipo em 1966 e a decolagem em 1972. Em 1975, chega o Pong da Atari e hoje vivemos cercados de videogames por todos os lados e diferentes gadgets.

Muitas crianças, antes mesmo de falarem papai e mamãe já estão nos smartphones dos tios e avôs exercitando-se para a vida... Sinto muito, você gostaria que primeiro ele falasse papai e mamãe... Mas, teclar smartphones e reencontrar-se com desenho, figurinhas e movimentos são mais interessantes... Se é assim, nada mais natural e óbvio e sensível do que não tentar brigar com o que é inevitável, somando-se a todas as possibilidades inerentes, e utilizando para o que verdadeiramente é essencial. Por exemplo, a educação. E é o que vem acontecendo.

Cada vez mais, boa parte das salas das principais escolas vai migrando para tablets e smartphones. Ou seja, encontramo-nos diante de um movimento radical e irreversível, e cada um de nós, como pais e avós, de um lado, e como empresários e profissionais de outro, temos que encarar essa movimentação como uma mega oportunidade para novos e prósperos negócios. Assim, a educação moderna passa pelos games e não se fala mais nisso.

Jennifer Groff, pesquisadora do MIT, especialista em educação, esteve no Brasil semanas atrás, e na medida em que é diretora pedagógica do Instituto Lumiar, que tem uma de suas escolas no Brasil. Um de seus estudos mais reconhecidos e respeitados é "Os Potenciais dos Ambientes Baseados em Jogos para dados de Aprendizagem Integrados e Intensivos". A academia gosta de títulos longos. A melhor denominação para seu trabalho seria alguma coisa como "Games, o Mais Eficaz Caminho para uma Educação Melhor". Separei para este comentário duas afirmações da maior relevância trazidas por Jennifer:

Primeira afirmação: Por que os Jogos são Melhores do que Outras Formas de Avaliação de Competências. "Muitas das principais competências da atualidade, como, colaboração, resolução de problemas, pensamento e visão sistêmicos, são quase que impossíveis de mensurar pelas formas tradicionais. As competências que hoje mais valorizamos não são sobre um conhecimento específico, mas sim, como você aplica suas habilidades num contexto real. Como os jogos digitais são ambientes simulados e microcosmos, funcionam como um rico contexto para que os estudantes usem suas habilidades e competências. E como são ambientes digitais, a captação de dados sobre aptidões é inerente e contínuo. Portanto, de valor incomparável em relação às provas convencionais".

E a segunda afirmação: Um Sistema de Ensino e Aprendizado "Live", com Feedbacks Inerentes e Contínuos. "Nos games, a aprendizagem e avaliação acontecem simultaneamente, num processo permanente de feedback".

Possibilitando a orientação e aperfeiçoamento do aprendizado em tempo real. As formas tradicionais, pelo espaçamento natural entre ação e avaliação, acabam por provocar uma quantidade enorme de estresse nos alunos determinando uma tóxica disrupção nos ciclos de aprendizagem. Por outro lado, e na medida em que os estudantes interagem com as plataformas, é possível a plataforma ir modificando o ambiente de aprendizado, possibilitando um processo evolutivo e natural, à semelhança do que acontece nos games à medida que cada desafio vai sendo superado e novas etapas colocadas... Ou seja, amigos, se nosso país está mais que precisando de um atalho para recuperar com consistência e eficácia décadas perdidas de NÃO ENSINO, ou ENSINO DE PÉSSIMA QUALIDADE, sem a menor dúvida, saltar direto para o GAMEEDUCATION é o caminho. Estamos esperando o que?

Obrigado, Atari, Odissey, Intelevision, os pioneiros, pela graça alcançada!

Um Novo Bretton Woods

Muitos, com fundadas razões, acreditam que estamos às vésperas de um novo Bretton Woods. Lembram... Depois de uma década toda da chamada Grande Depressão, também conhecida como crise de 1929, e que contaminou todos os anos 1930, decorrente da Primeira Grande Guerra, e não querendo passar por situação semelhante novamente, às vésperas do final da Segunda Grande Guerra, no mês de julho de 1944, as 44 nações aliadas encontraram-se no Mount Washington Hotel em Bretton Woods, New Hampshire.

O Mount Washington Hotel, ainda permanece em pé, tem dois campos de golfe e é frequentado pelos praticantes de esqui. Não querendo repetir mais uma década, no mínimo de depressão, as nações aliadas reuniram-se às vésperas do final da Segunda Grande Guerra – 44 nações e 730 delegados – definindo as regras que a partir de então passariam a prevalecer e assim seguiram até o dia 15 de agosto de 1971, quando os Estados Unidos unilateralmente acabou com a convertibilidade do dólar em ouro. Mas durante o tempo que durou, foi mais que suficiente para prevenir o mundo de uma nova e terrível depressão.

Estamos na iminência de um novo Bretton Woods. Nada a ver, salvo surpresas de última hora com uma eventual guerra, e sim, tudo a ver com as mudanças monumentais em que mergulha o mundo desde 1971, com a criação do microchip, com o nascimento da digisfera, com a conquista do Genoma Humano aumentando exponencialmente as expectativas de vida com qualidade, mais a China, mas adiante a Índia, e, finalmente, e agora, tudo isso começando a revelar suas consequências. Com uma Nova Economia, como todas as Novas Empresas, com a derrocada da Comunidade Europeia, e muitas outras decorrências mais.

Faltava a gota d'água. O tipping point que acordasse o mundo. E o tipping point, o ponto de ruptura, ou o terceiro e derradeiro sinal foi dado meses atrás quando o "Feice" anunciou que estava criando a criptomoeda que dominaria o mundo e as transações, com a adesão dos principais players os negócios de transações de moeda de todo o mundo.

Assim, amigos, o ciclo de 75 anos chegou ao fim, que começou com a reunião de Bretton Woods, num dia frio, mas carregado de esperanças. A partir de 2015, manifestações de todas as partes do mundo vêm revelando a necessidade premente de um novo Bretton Woods. Dentre essas, centenas, selecionei a de Harinder Kohli, diretor executivo do Fórum dos Mercados Emergentes...

"O mundo precisa de um novo acordo de Bretton Woods. Em 2045, completará 100 anos, absolutamente desatualizado, e sem a menor relevância. Não temos tempo para esperar até lá. Mais que nunca revela-se inadiável a existência de um Banco Central Global. A estrutura do FMI esta totalmente desatualizada. Por exemplo, a importância da Bélgica no FMI é maior do que a da Índia, que tem uma economia quase oito vezes maior. O fluxo de capital internacional está totalmente fora de controle. Cada um pode fazer o que quiser. Trilhões de dólares circulando sem o menor controle e por instituições financeiras que não existiam até ontem. Sem falar no efeito China...".

Ou seja, amigos, mais um ciclo que chega ao fim. O que celebrou a paz e deu tranquilidade para a economia de todo o mundo. Economia hoje absolutamente fora de controle, e disruptada de forma inimaginável pela tecnologia e todas as suas decorrências. A propósito, ganha corpo, dia após dia, e já tendo sido iniciada uma investigação pelo Departamento de Justiça dos Estados Unidos sobre práticas anticompetitivas dos quatro gigantes da tecnologia – Face, Amazon, Apple e Google – e que poderá culminar na pena de desmembramento dessas empresas. Spin-off Radical! Talvez, o novo Bretton Woods comece por aí...

Elizabeth Warren, que era pré-candidata a sucessão de Trump, tinha no desmembramento das quatro grandes seu grande mote de campanha. Tinha porque desistiu. Quando ainda era candidata a candidata, e manifestando seu apoio à tese de um dos fundadores do "Feice", Chris Hughes de que é chegada a hora desse desmembramento, declarou, "Destruíram a concorrência, usaram informações para ganhar muito dinheiro e tornarem-se trilionários, prejudicaram as pequenas empresas e sufocaram a inovação".

Chegou a hora, dizia Elizabeth Warren... E essa é uma campanha que começa a crescer em todo o mundo, #breakupbightechs. Começo a desconfiar que teremos um novo Bretton Woods. Todos os ventos, juízos, bom senso, sensibilidade, responsabilidade, inteligência, apontam todos os dedos, setas, flechas, nessa direção. URGENTE!

Vício Inerente

Todas as manifestações da natureza e dos homens carregam o tal de Vício Inerente. Pode até não se manifestar na hora prevista. Pode ser até que não consigamos perceber ou identificar. Mas está lá. Vidros quebram, raios caem, orelhas crescem o tempo todo, frutas amadurecem, mas, apodrecem, também. O vício inerente à vida é à morte. Todos somos mortais. Todos sem exceção. Pode ser que mais adiante, e em decorrência da novíssima medicina corretiva, morrer seja opcional, mas, por enquanto... Até os membros da Academia Brasileira de Letras, que se dizem imortais, morrem.

Mesmo sendo feitas para durar, empresas também nascem carregadas de vícios inerentes. E um dia não resistem, e partem. Mas até lá é preciso mantê-las vivas. E a única maneira é garantindo relevância, sob a ótica e julgamento de seus clientes, e sustentabilidade econômica. Um movimento permanentemente ascendente e equilibrado com todos os sentidos e forças.

A expressão Vício Inerente volta à tona pelo brilhante livro que virou filme – melhor ainda que o livro, sob a direção magistral de Paul Thomas Anderson, tendo no papel principal, talvez, o melhor ator da atualidade, Joaquim Phoenix – Ela, Gladiador, e agora, Coringa –. E ainda por referências ao tema no correr da história como a de Winston Churchill que um dia disse, "O vício inerente ao capitalismo é a distribuição desigual de benesse; o do socialismo é a distribuição por igual das misérias".

Nos sessenta e cinco anos do marketing, completos no mês de novembro de 2019 – O verdadeiro Marketing nasce formalmente no Magistral Livro de Peter Drucker de 1954, Prática De Administração de Empresas – muitas outras "patologias" convivem de forma permanente com o Vício Inerente. A primeira delas, e na pré-história do marketing, produtos que não morressem jamais. E assim foi fabricada e acesa, em 1901, uma lâmpada que jamais apagou. Está na cidade de Livermore, Califórnia, e comemorou seus primeiros 110 anos de vida iluminada em 2011. Foi feita para não morrer num momento do mundo em que se acreditava que produtos deveriam durar para sempre.

Mas veio a primeira guerra, e nos acordos de paz a consciência que produtos precisavam morrer para que novos produtos fossem fabricados, empregos garantidos, e a economia girasse. E fizesse o tal do movimento ascendente e equilibrado. Nascia, naquele momento, a Obsolescência Planejada. Motivo de indignação de muitos seguramente não informados de sua necessidade essencial – garantir a sobrevivência econômica do ser humano; o emprego dos trabalhadores.

Depois da Segunda Guerra Mundial, o mundo alcança um desenvolvimento espetacular em todos os sentidos. As inovações ocupam a cena e as pessoas começaram a viver a Síndrome da Superação e param de comprar. O medo e a vergonha de comprar a última novidade de hoje que virava tranqueira no dia seguinte. De novo as indústrias se reuniram e decidiram administrar melhor as inovações criando o chamado Novo Prolongado.

E tudo seguiria o fluxo normal dos acontecimentos não fosse um pequeno detalhe. O nascimento do microchip colocando, literalmente, tudo por terra. A inovação que se limitava ao horizontal – mudança de comportamento das pessoas –, ou ao vertical – inovação nos produtos, passou a colocar em risco todas as posições supostamente inabaláveis com uma espécie de inovação multidimensional. Que junta produtos e comportamentos e relê os negócios de uma forma diferente. Que contempla toda a floresta e não exclusivamente a árvore. E aí os tais negócios inabaláveis derretem como gelo. Que o digam as grandes instituições financeiras, a indústria automobilística, as cadeias comerciais e de negócios, até mesmo empresas que nasceram ontem e supostamente vencedoras como Netflix, Spotify, Airbnb, Uber, WeWork... E muitas outras mais.

Assim, e agora, todos de olho e reconhecendo que o Vício Inerente permanece vivo como nunca. O VÍCIO INERENTE A DISRUPÇÃO TECNOLÓGICA É A PERMANENTE DISRUPÇÃO. ONDE SE INCLUEM MUITAS DAS NOVAS EMPRESAS QUE DISRUPTARAM AS EMPRESAS DA VELHA ECONOMIA, E SUPOSTAMENTE IMORTAIS. Lembrando, assim, a todos nós, empresas, produtos e pessoas, que mais cedo ou mais tarde vamos partir. É o tal do ciclo da vida. Mais ou menos como nos ensinou Vinicius sobre o amor

– "que não seja imortal, posto que é chama. Mas que seja infinito enquanto dure".

E termino com o que disse Steve Jobs aos formandos de Stanford, no dia 12 de junho de 2005, e a propósito do Vício Inerente da vida, e que é a morte... "Ninguém quer morrer. Mesmo as pessoas que desejam ir para o céu prefeririam não morrer para fazê-lo. Mas a morte é o destino comum a todos. Ninguém conseguiu escapar a ela. E é certo que seja assim, porque a morte talvez seja a maior invenção da vida. É o agente de mudanças da vida. Remove o velho e abre caminho para o novo. Hoje, vocês são o novo, mas com o tempo envelhecerão e serão removidos. Não quero ser dramático, mas é uma verdade. O tempo de que vocês dispõem é limitado, e por isso não deveriam desperdiçá-lo vivendo a vida de outra pessoa. Não se deixem aprisionar por dogmas – isso significa viver sob os ditames do pensamento alheio. Não permitam que o ruído das outras vozes supere o sussurro de sua voz interior. E, acima de tudo, tenham a coragem de seguir seu coração e suas intuições, porque eles de alguma maneira já sabem o que vocês realmente desejam se tornar. Tudo mais é secundário...". É ISSO, AMIGOS, VAMOS SEGUIR EM FRENTE COM CORAGEM E DETERMINAÇÃO E PRESTANDO SEMPRE TODAS AS HOMENAGENS QUE A VIDA MERECE. AS NOSSAS VIDAS.

Esse é o motivo maior do vício inerente à vida, e como nos legou Steve Jobs: "porque a morte talvez seja a maior invenção da vida...".

Burnout. Ou Agora Não É Mais Assim...

No correr dos últimos 20 anos fomos sentindo o nosso entorno, gradativamente, ir se modificando. Devagar, no início, um pouco mais acelerado agora, e em velocidade alucinante um pouco mais adiante. Sem falar da pandemia...

A forma como nos alimentamos, fisicamente, e como nos alimentamos, intelectualmente. Onde moramos, como nos deslocamos, o que fazemos, como nos relacionamos, e como estamos evoluindo ou involuindo em nossa condição econômica, nos negócios, e na vida.

Nosso corpo talvez não tenha sentido muito, salvo, manifestações de dores novas, e que agora desconfiamos não ter nada a ver com o físico, e sim com o intelecto. Com a tontura que vai crescendo e aumentando em nossas cabeças, na medida em que o que era bom ou certo anos atrás, hoje é completamente superado ou errado. Pânico era um acontecimento raro na vida das pessoas. Lembram, o sustos ocasionais... Hoje, e para muitas, um estado permanente e incorporado a psique. Onde as virtudes que supostamente precisamos ter daqui para frente não batem mais com as competências que desenvolvemos no correr de nossas vidas.

Como vocês que nos acompanham sabem, aqui no Madia-MundoMarketing, nosso entendimento não é que apenas estamos vivendo mais um período de transição. Em nosso entendimento estamos encerrando o primeiro tempo da história de humanidade, e começamos a vislumbrar os primeiros traços e contornos de um admirável mundo novo em processo de construção. O início do segundo tempo ou ato da história da humanidade. E assim, muitas pessoas, vão, literalmente pirando. Sentindo-se inseguras, confusas, e algumas delas, desequilibram-se, pra valer.

Meses atrás, e pela primeira vez, a ORGANIZAÇÃO MUNDIAL DE SAÚDE, definiu esse esgotamento – BURNOUT – como estresse crônico – síndrome de burnout – e que foi incluído na classificação de doenças da instituição. 24 horas depois corrigiu a informação dizendo não ser exatamente uma doença, mas, aspas, "uma síndrome resultante do estresse crônico no trabalho". Incompleto; não apenas do trabalho, do parto prolongado e mais que dolorido do nascimento de um Mundo Novo. Desde então. e como era de se esperar, o assunto vem sendo tratado a exaustão em comentários e debates, e algumas manifestações novas colocam mais pimenta no tema.

Muitos cientistas, por exemplo, começando a relacionar essa confusão e estresses mentais, decorrentes da transição, como possível causa ou agravante da demência. Alguns, associando ao AL-ZHEIMER. O fato é que por causas naturais decorrentes do envelhecimento, pelos ganhos de longevidade (40 anos a mais de vida nos últimos 100 anos) o que aumenta brutalmente o número de idosos, mais a disrupção ampla, geral e irrestrita que marca esta quadra da história da humanidade em decorrência do tsunami provocado pelos avanços radicais e em escala na tecnologia, diferentes tipos de desequilíbrios e demências deverão caracterizar o mundo a partir de 2020, culminando e alcançando o ápice entre 2030 e 2040.

Assim, e nos nossos planos de longuíssimos prazos, a perder de vista, não podemos ignorar essa nova e desafiadora realidade. Maluquinhos aos milhares em nosso entorno, vizinhança, lado. Quem sabe, e dentre esses, nós. Mais que previsível. Absolutamente, Inevitável. Mas, que com uma melhor organização de nossas vidas, com pitadas adicionais de compreensão, comedimento, sensibilidade, empatia e generosidade, existem possibilidades reais e concretas de prevenir e ou atenuar a demência epidêmica que está chegando. E precisamos começar agora. Ter a consciência dessa inevitabilidade é o primeiro passo.

CAPÍTULO 2

Inteligência de Mercado

As redes sociais converteram em rinhas de briga. Alguns se digladiando e centenas ou milhares atiçando. E até nas pesquisas as amostras escorregam para detonar as mulheres.

Dentre as chamadas startups, muitas serão as chamadas e pouquíssimas, meia dúzia, escolhidas. E, sem querer, do dia para a noite com direito a fila, o BOTECO ZÉ DO BREJO virou o rei da pururuca.

Dentre as utilidades da inteligência artificial, a pior dentre todas: prever a morte. A gordura das famílias chegou ao fim. Difícil sobreviver na crise. E uma transição exemplar de comando: PORTO SEGURO.

Como é importante dormir bem para um melhor desempenho profissional. Mais importante que ter, usar. E partir como chegamos: pelados! Lugar de comprar produtos de beleza, desde que possível a escolha, continuam sendo as lojas.

Quem Cuspir Primeiro Ganha

Nas livrarias brasileiras, menos na Cultura e Saraiva que estão em recuperação extrajudicial e com baixíssimas perspectivas de sobrevivência, o livro de Jaron Lanier nascido em New York City, 1960, músico e cientista de computação. Eleito pela revista Time em 2010, como uma das 100 pessoas mais influentes do mundo, "Ten arguments for deleting your social media accounts right now". E que na tradução virou Dez Razões para Você Deletar agora suas Redes Sociais", ou seja, tradução literal. Talvez, uma tradução simplificada fosse melhor e vendesse mais livros, tipo, "Caia Fora do Facebook, Já!" Ou, "Caia Fora das Redes Sociais Ontem...". Mas, não importa.

O livro é interessante, curto, de fácil leitura e compreensão, e de todas as razões e motivos apresentados por Lanier, a que mais chamou minha atenção – mesmo porque depois da leitura a cabeça da gente não para de pensar e você vê que é isso mesmo...

Lanier diz que um dos maiores sucessos da Inteligência Artificial é a de detectar os post de maiores sucessos nas redes sociais. E vocês sabem quais são? Aqueles que irritam as pessoas.

Todos aqueles que lambem e agradam as pessoas provocam uma espécie de humildade excessiva nos internautas, que enrubescem, sorriem, fazem no máximo um ou dois comentários, dizem um Obrigado, ou, na maioria das vezes colocam um coraçãozinho ou uma mão sugerindo Positivo, e, segue a vida. Ou, morre por ali!

Agora, quando os posts irritam, as pessoas não conseguem se desligar e pular fora, a temperatura sobe, e saem na porrada, baixaria, ofensas, e, de repente, comportam-se como os piores dos animais, ou, se preferirem, bichos. Ou seja, galera, Lanier revela o grande truque da Inteligência Artificial. Lembra-se dos tempos de criança? Quando dois moleques começavam a brigar, e um capeta, ou espírito de porco como chamávamos na época dizia, colocando a mão entre os dois, "Quem cuspir primeiro na minha mão, ganha!". E aí um dos dois ou os dois cuspiam e o gozador tirava a mão. E os contendores, devidamente cuspidos, aí sim é que aumentavam a intensidade da raiva e das porradas. Rigorosamente como acontece com a maioria das pessoas nas redes sociais...

De certa forma, é isso que a Inteligência Artificial faz durante eleições e no campo político. Mostrar para você o que te emputece. E aí você sai na porrada e só depois, quando recobra a sensibilidade, lucidez e juízo, é que se envergonha do papelão que protagonizou. Agora que sabemos o que nos faz bichos, não temos mais justificativas para passar tanta vergonha. Ao menos que isso nos felicite... Definitivamente, não acredito. Valeu Jaron Lanier... Só esse insight mais que vale o livro.

Claro, não pretendo usar esse aprendizado em hipótese alguma e nem recomendar a nossos clientes que o façam. Mas é bom saber a razão e o motivo, repito, de tantas vezes excedermos nossos limites e voarmos no pescoço dos que nos provocam. Quando tudo o que deveríamos fazer era ignorar e não cair na lamentável e ridícula armadilha.

Mulheres Vivem Mais

Não obstante toda a discriminação, preconceitos, atitudes e menções reducionistas, as mulheres são mais fortes e resistentes que os homens, e, portanto, têm uma expectativa de vida significativamente maior. É da natureza. São mais fortes por uma questão de gênese.

No Brasil, em 2018, enquanto na média a expectativa de vida era de 76 anos e 2 meses, essa conquista tem mais a ver com as mulheres, com expectativa de vida de 79 anos e alguns meses, do que com os homens, 72 anos e alguns meses. Sete anos de diferença. Agora, no entanto, uma nova revelação exponencia essa verdade e demonstra, de forma cabal, que a mulher biologicamente, e pela exclusividade da concepção, é, mais forte e resistente que o homem.

E que fato é esse? Um grande levantamento publicado na revista médico-científica The Lancet meses atrás, e que vasculhou 11,5 milhões de artigos com a utilização da inteligência artificial no período entre 1980 a 2016, mais que constatar, comprovou que dois terços de todas as pesquisas voltavam-se e tinham como base a utilização de células masculinas.

Pior ainda, além de comprovar a maior resistência da mulher pelo fato de merecer menor atenção da comunidade científica, ainda traduz, inclusive na medicina e saúde, o preconceito, o machismo.

Conclusão do levantamento. Se existisse igualdade e equivalência de sexos, nas pesquisas, muito provavelmente a diferença na longevidade entre homens e mulheres seria maior. Mais grave ainda, em todos os remédios retirados do mercado nos Estados Unidos, por exemplo, e por determinação do FDA, a razão prevalecente era o prejuízo que causavam à saúde das mulheres. Pela razão óbvia de que os processos de pesquisa consideraram, nesses medicamentos, e de forma preponderante, sua ação nos homens e não nas mulheres. Simplesmente Lamentável!

E para finalizar o assunto, tema e baixaria, sempre convivemos com uma suposta verdade de que as mulheres são mais frágeis e menos resistentes a dor do que os homens. E, na aparência são, porque verbalizam, sinalizam e falam da dor que sentem. Já os homens, condicionados a revelarem uma postura mais durona, falam menos. E daí, como é que se faz para tirar essa dúvida?

Trabalhos realizados pela Sociedade Brasileira para Estudo da Dor decifraram. Em vez de perguntar e referenciar-se exclusivamente na manifestação de homens e mulheres, mergulhou em como se comportam diante da dor. E... Não deu outra.

Nas estatísticas dos pós-operatórios, e dores decorrentes, as mulheres reclamavam mais, porém... Quem tomava e tomam analgésicos e opioides eram e são os homens... E daí? E daí que tem mais... Calma, ainda não acabou a patifaria... Até nas pesquisas com animais como cobaias, a maior quantidade de cobaias foi e continua sendo de machos...

Se durante milênios tudo no mundo foi assim, e só depois de 1949 com o livro O Segundo Sexo de Simone de Beauvoir começou-se a conversar sobre preconceitos, discriminações e diferenças, não era possível que esse comportamento não se fizesse presente, também, nas pesquisas, na medicina e na saúde. Se não fosse assim, as mulheres, na média, talvez vivessem outros 10 anos a mais que os homens... E não apenas, 7 a mais...

Roubaram feio no jogo... Ou melhor, nas pesquisas!

Startups: Oportunistas e de Raiz

Nas palestras e reuniões das últimas semanas e meses, a pergunta recorrente, é, "Madia, desse monte de novas empresas, quais sobreviverão, quais ficarão pelo caminho?". Existem, grosso modo e genericamente, dois tipos de startups, ou, candidatas a empresas da, e na nova economia. As Oportunistas e as de Raiz.

Oportunistas aquelas que criam uma pinguela ou penduricalho numa cadeia de negócios institucionalizada, e descolam uma grana. Não geram riquezas. Mordem um pedaço da riqueza existente. Aplicativos facilitadores. Aproximam as partes. Em paralelo montam um plano de negócios, convencem investidores estúpidos e gestores de investimentos irresponsáveis e entopem-se de dinheiro. Insere-se nessa categoria, por exemplo, um Uber. Mais conhecido como "um susto maior a cada trimestre" em que apresenta seus resultados. Prejuízos crescentes e em cascata.

Já as de Raiz, são empresas que identificam uma oportunidade de mercado, desenvolvem uma plataforma e criam valor e riqueza em toda a cadeia de negócios. Agregam fatias novas e substanciais no business, e são economicamente saudáveis e lucrativas. Uma Wine, por exemplo, que mais que os 200 anos dos produtores, mais que todos os demais players, mudou para melhor, para muito melhor, o negócio de vinhos no Brasil. Multiplicou o mercado todo em duas ou três vezes. E não para de crescer.

Ok? Tudo bem! Agora vou me ater mais numa das mais fascinantes das Oportunistas e que começa a afundar... Preservar consistência de foco, como vocês sabem, é um mega desafio, muito especialmente para empresas vencedoras. E assim, e ao invés de concentrar-se em seu modelo original com todos os aperfeiçoamentos necessários, a startup da família das Oportunistas, Airbnb, de dois anos para cá, começou a derivar, perigosamente.

Diante de graves problemas que vêm enfrentando decidiu-se por incorporar prédios que teriam como vocação principal ocupação temporária. Comprou até meia torre do Rockefeller Center em New York City, para converter em hotel... E agora, cria uma tabela de preços específica, para aqueles que o Airbnb, ao nascer, converteu-se em seu maior inimigo, os hotéis, para que os hotéis captem hóspedes, também, pela sua plataforma, para o disruptor Airbnb... What!

Mesmo considerando-se que o objetivo é o mesmo – vender diárias para hospedagens –, uma coisa é prestar esses serviços para os milhões de proprietários de imóveis em hoje praticamente todo o mundo; e outra, inserir-se no trade de reservas, prestando serviços e tendo como parceiras as grandes cadeias hoteleiras, e concorrendo com o Expedia e Booking, dentre outros.

Confiariam os hotéis no aplicativo que colocou em risco todo o business de hotelaria? O quanto essa investida não vai enfraquecer o Airbnb em seu modelo original e junto aos milhões de proprietários que aderiram ao aplicativo? Ou, e finalmente, teria o Airbnb, diante das grandes confusões que vai produzindo no mundo inteiro, com brigas monumentais entre as pessoas que compraram imóveis e moram nos imóveis; com investidores que compraram imóveis no mesmo edifício, mas, e através do Airbnb, alugam por dias para estranhos... Teria concluído o Airbnb que no médio e longo prazo seu modelo disruptivo não suportará as pressões de proprietários moradores, devidamente amparados pelas prefeituras de cada cidade?

Assim, a hora da verdade dos disruptivos aproxima-se. Brevemente, o final do primeiro ciclo onde constaremos quais os disruptivos que tinham, e quais os que careciam de consistência e sustentabilidade. Como dizia o Ratinho, "quais os que tinham café no bule".

A quase totalidade das Startups Oportunistas desaparecerá do jeito que chegou, mas, carregando consigo, milhões ou bilhões de dólares de investidores gananciosos, iludidos por gestores de investimentos irresponsáveis. Deu para entender? É isso que tenho respondido aos que me perguntam: "fujam e não coloque um tostão furado nas oportunistas, tipo Uber; e invistam, com segurança, em startups de raiz, negócios feitos para durar e sustentáveis".

Viralizaram a Pururuca

Calma, nenhum comentário pornográfico. Apenas uma espetacular lição do que o digital faz de melhor. Viraliza em uma semana, dia, horas, minutos, o que se levava anos para disseminar no tempo onde só existiam as plataformas analógicas. Mas, e mesmo assim, e dependendo da fonte, alguns SQVM ocorriam... "Sem Querer Viral Marketing...".

Um dia Ana Maria Braga em seu programa na Globo foi visitar o Mercadão Municipal. Passou por diferentes bancas, e experimentou o Pastel de Bacalhau. Além de aprovar, falou durante dias sobre a iguaria. Mudou a frequência ao mercadão. E assim, de poucas unidades por dia passou-se a vender centenas; e, milhares, nos finais de semana.

Não só deu um "up grade" na vida da família do dono da banca como introduziu, definitivamente, o Pastel de Bacalhau no cardápio de centenas de bares e restaurantes. Sem recorrer à internet e a viralização. Viralização boca a boca decorrente de mensagem espontânea, de testemunhal de credibilidade, na televisão. Como era a vida antes do digital.

Valter Baldo, até meses atrás, ganhava seu dinheirinho, e era querido pela sua pequena e fiel clientela do Boteco Zé do Brejo. Durante anos sua mulher desenvolveu uma receita de torresmo, que era consumida com prazer e naturalidade pela fiel clientela. Um dia, pelas mãos dos deuses e artes dos demônios, o fato é que um cliente decidiu, por falta de assunto, fazer um vídeo do torresmo do Zé do Brejo e postar em seu grupo no whatsapp... E aí, A gostou e whatszapiou para B. B gostou e whatszapiou para C. C gostou... Normalmente o boteco Ze do Brejo abre suas portas próximo do meio dia. No dia seguinte a whataszapização do vídeo Valter levou um susto. Uma longa fila formava-se na frente do boteco. Pensou, "vou chamar a polícia". Mas, conversando com os primeiros da fila, entendeu. Decidiu distribuir senha. No total, 300. Faltou matéria-prima, um corre-corre atrás dos fornecedores, e o último da fila foi atendido noite alta céu risonho...

Hoje, meses depois, Valter Baldo e seu Boteco Zé do Brejo são conhecidos em quase todo o Brasil. Converteram-se, ele e sua mulher, com total merecimento, nas maiores autoridades na ciência e na arte de fazer torresmo. Na ocasião, e em matéria de uma página na Folha, disse: "Faço questão de escolher cada peça da carne que compro. Vou todas as noites no frigorífico escolher a carne, que deve sempre estar fresca. A congelada não tem a mesma qualidade...".

Segundo a Folha, e para dar conta da clientela, Baldo teve que contratar quatro funcionários e se organizar no formato de cadeia de produção. O processo é demorado e começa às 5 da manhã. A carne é limpa, temperada e enrolada. Em seguida colocada num defumador industrial onde permanece por cerca de 5 horas antes da etapa da fritura...

Conta Baldo o momento da epifania, ou, como diria Malcolm Gladwel, o momento do Tipping Point... "Um dos clientes do Zé do Brejo, Regis Flór, 43, trouxe alguns amigos para conhecer o torresmo. Quando chegou o prato, e diante da euforia de seus amigos maravilhados com a iguaria, Regis Flór decidiu fazer um vídeo e colocar no Whatsapp...". O resto é história.

Essa, a diferença. Dois tempos, dois momentos. O da TV, analógica, Ana Maria Braga e o pastel de bacalhau; e o do whatsapp, boteco Zé do Brejo, viralização do torresmo. Nesses dois episódios lições definitivas do melhor entendimento do papel das plataformas, e do segredo do sucesso de diferentes produtos e serviços. Ainda que a partir de circunstâncias e decorrências; de serendipismos e epifanias. Mas, acreditem que podem e devem ser planejados e executados. E se, executados com qualidade, conseguir resultados semelhantes. Talvez, melhores. Desde que tendo à frente Formadores de Opinião de verdade, porque autoridades; e não os tais dos lamentáveis influenciadores...

Inteligência Artificial, e a Morte

Meses atrás, na sessão Link do Estadão, uma pagina inteira de assuntos funestos. Antes do Covid-19. Agora, é o jornal todo. Que só os tech addicted e os sinistros devem ter chegado ao fim. Uma página comentando sobre os avanços na relação tecnologia X morte.

A pauta nasceu a partir de um estudo que vem sendo realizado pelo Labdaps – Laboratório de Big Data e Análise Preditiva da Saúde – da USP. Os jornalistas tiveram acesso às informações preliminares do estudo, e sem saber exatamente como noticiar, escolheram como título: Inteligência Artificial tenta prever quando as pessoas vão morrer. Tudo bem, se você teve vontade de rir fique à vontade. Eu ri. Para isso não seria preciso inteligência artificial. É suficiente conviver e olhar para as pessoas.

Minha mulher tem um primo médico que, de tanto conviver com pacientes terminais, desenvolveu uma estranha sensibilidade: sente o cheiro da morte. Quando cruza com uma pessoa que exala esse aroma fúnebre e preditivo, estabelece com uma precisão quase que absoluta, quantos dias ou semanas mais de vida aquela pessoa tem pela frente. Quando ele chega perto de mim desconverso e saio fora.

48 • MARKETING TRENDS 2021

Na matéria os cientistas dizem que já é possível, pelo estágio alcançado, prognosticar-se com um elevado grau de acerto, 70% dos momentos dos óbitos, mas e claro, o objetivo do estudo não é esse, caso contrário seria uma espécie de prazer de sádicos... O objetivo é de tentar identificar caminhos para ampliar o tempo de vida, e, também, garantir melhores condições de vida nos meses ou anos que restam.

O estudo trabalhou sobre os dados de 2.808 idosos, e levou em consideração 37 variáveis, submetidas ao escrutínio, processamento, organização, análise e inferências da Inteligência Artificial. Considerou o dado de 70% dos idosos, e aplicou as conclusões sobre os outros 30%. E fez seus prognósticos olhando para os 5 anos seguintes. Das 118 mortes que ocorreram no período a inteligência artificial prognosticou com um grande grau de acerto 83.

Reiterando, o objetivo não era e não é esse. É o oposto. Como tentar garantir mais anos de vida e com qualidade. E aí, e aproveitando o restante do espaço, e dentro do tema Morte, Link foi atrás de startups brasileiras nesse território. Sem grandes novidades. Apenas a constatação de Marketplaces se organizando para disponibilizar alternativas de serviços para as famílias. E deu destaque a WebLuto, um marketplace dos funerais. Dezenas de prestadores de serviços anunciam-se na plataforma para vender sepulturas, cremações, velórios, flores, transporte. Sintetizado, com pinceladas de humor negro pelo proprietário do WebLuto, Siderlei Gonçalves, como, "somos uma mistura de uber e hotel urbano com destino à eternidade...".

E aproveitando o tema os jornalistas do Estadão, Bruno Romani e Giovanna Wolf, deram uma olhadinha para fora. Foram atrás de novidades no business da morte, muito especialmente nos Estados Unidos, um mercado, de US$ 20 bilhões/ano.

E a grande novidade, descoberta pela Giovanna é uma empresa americana, a Recompose, "aceleradora", não de startups, de cadáveres mesmo, para transformar os mortos em um pequeno pedaço de solo, através do método da compostagem. O corpo fica exposto durante um mês a uma mistura química num reservatório a 50 graus centígrados. No final do processo a família recebe o resultado: um pequeno torrão de terra, onde poderá plantar uma planta ou árvore, e respeitosamente adornar um canto especial do jardim da casa, ou num grande vaso no apartamento. Investidores já colocaram US\$ 7 milhões na startup Recompose.

Para quem se interessar pelo assunto, e considerar a possibilidade de investir no próspero negócio da morte – o único em que se tem certeza absoluta que mais cedo ou mais tarde vai acontecer – recomendo dar uma olhada no Ted, onde a arquiteta e dona da empresa, Katrina Spade, defende sua iniciativa.

Segundo Katrina: "Que bom seria se nossos corpos pudessem ajudar novas vidas manifestarem-se e crescerem depois de nossas mortes. Harmonizando, simultaneamente, partidas com chegadas. Talvez, a melhor forma de glorificar e eternizar a vida." Disse tudo isso antes do Covid-19. Hoje...

Acabou a Gordura

Muitas pessoas nos perguntam como, e depois de 5 anos, e sem emprego, as famílias resistem. Os profissionais, homens e mulheres, sobrevivem. Em maior ou menor quantidade, mais de 90% dessas pessoas, tinham dois amortecedores para a crise stand-by, e que foram usando, no início, tranquilamente, no meio, preocupadamente, e agora no final, desesperadamente.

O primeiro desses amortecedores era uma certa gordura. Gordura que se traduzia num consumo livre de produtos e serviços. Veio à crise, gradativamente a legião de desempregados foi crescendo, e a primeira providência foi maneirar nos gastos do dia a dia. Com a moderação nos pequenos detalhes conseguiu-se uma sensação de relativa tranquilidade.

Mas o tempo foi passando, a crise se agravando, e as mudanças no consumo aumentando de intensidade. Lá pelo final do segundo ano e início do terceiro a gordura estava praticamente esgotada. Restava, então, a poupança para eventuais viagens, para o estudo dos filhos, e até mesmo para uma possível aposentadoria mais adiante.

Assim, e terminada a gordura começou a se avançar sobre a poupança; Mas, dois anos depois, a poupança aproxima-se rapidamente do fim. Ou a crise conjuntural brasileira termina já, e o país volta a crescer de forma consistente e no mínimo 3% ao ano nos próximos 5 anos para compensar a queda, ou milhões de brasileiros mergulharão de cabeça na miséria. Brasileiros das Classes C. E, e um pouquinho da B.

Em matéria de meses atrás no Estadão, antes da pandemia, uma fotografia de qualidade que traduz com grande precisão essa desesperadora realidade. De uns meses, ano ou anos para cá, compras só para uso. Os estoques praticamente eliminados das casas de classe C, e uma parte da B. Alguns depoimentos ilustram a dramática situação.

Marlene Braga, 60 anos: "No passado sempre tinha duas dúzias de garrafas de vinho em casa para visitas de última hora, e quantidade semelhante de cervejas. Sabonete, então, tinha para dois ou três meses. Hoje tenho 4 garrafas de vinho, 6 de cervejas, e dois sabonetes. Quando vou ao super faço a reposição...".

Teodoro Maciel, 49, administrador: "Descobri que dependendo de como você usa alguns produtos podem ter seu preço reduzido pela metade. Com a simples mudança no tamanho do furo que faço na lata de azeite, ao invés de consumir uma lata em um mês, hoje a lata dura dois meses, ou seja, reduzi o preço pela metade... em outros produtos onde não existe essa possibilidade de regular na própria embalagem, passei a me condicionar a usar exatamente a metade ou menos do que costumava usar...".

Terezinha Peres, 47, professora: "Minha primeira providencia foi deixar o carro na garagem e ir ao supermercado a pé. Com o carro, me sentia a vontade para comprar mais porque não teria que carregar. A pé a situação é outra. No lugar do carro levo uma sacola e o princípio é o mesmo. Antes, com o carro, comprava o que cabia no carro... agora só compro o que cabe na sacola... eliminei os importados das compras, e reduzi as frutas a unidades".

Unidades que serão consumidas em no máximo 24, 48 horas... Depois volto e compro mais, se necessário...

É isso, amigos. Tempos de dores de cabeça, bolsos vazios, gorduras queimadas, poupança acabando, dispensas às moscas, compras a pé, diminuição nos furos das latas, pizzas só nos aniversários. Mais que na hora do Brasil retomar o crescimento. E aí veio a Covid-19 e multiplicou tudo por no mínimo dois...

Estamos vivendo a pior das situações. Quando a crise alcança seu pior e mais dramático estágio. Com a mudança de comportamento e as restrições que as pessoas obrigatoriamente vêm fazendo em suas compras, ingressamos na retroalimentação da crise. Mais ou menos, e além das componentes políticas, o que aconteceu com a Venezuela. E tudo começa na ponta quando nós, consumidores, restringimos e diminuímos as compras, e, por decorrência. O varejo vende menos, e se vende menos, compra menos, e assim a indústria vende menos e produz menos, e pela queda na escala os preços sobem e a onda de desempregados se adensa, e, acelera.

Reage, Brasil!

Transição Exemplar

Anos atrás, Jayme Garfinkel passou o comando da Porto Seguro para seu mais aplicado discípulo, Fabio Luchetti. E foi para o conselho da empresa. Uma história que começou quando o pai de Jayme, Abrahão Garfinkel, compra a seguradora no ano de 1972. E morre poucos anos depois, fazendo com que Jayme assumisse o comando da empresa junto com sua mãe Rosa, em 1978.

Enquanto pilotou a empresa, transformou uma pequena seguradora, a 44ª no ranking, com 500 funcionários, na quarta maior do país, com 15 mil funcionários e quase R$ 18 bilhões em receitas em 2018. Em 2012, passou o comando executivo da empresa a Fabio Luchetti, preparado durante anos para essa missão. E, em decorrência do acordo de acionistas assinado em 2009, quando a Porto Seguro associou-se ao Itaú.

Mais adiante, 2018, quando Luchetti deixou o comando, seu substituto escolhido foi Roberto Santos, que estava na empresa desde 2004, ou seja, na Porto Seguro as sucessões são preparadas no correr de anos. Assim, e quando todos supunham que em algum momento Bruno Garfinkel, filho de Jayme e com consistente carreira na empresa, assumisse o comando executivo, com extrema sensibilidade e discernimento, os acionistas optaram para levar Bruno diretamente para presidir o Conselho da Empresa. Fortalecendo o grupo, e fortalecendo a seguradora. Como decorrência, no último dia de maio Jayme deixou o conselho da empresa que junto com sua mãe construiu, e após a morte prematura de seu pai, e passando o bastão para seu filho Bruno.

Em entrevistas recentes, o novo comandante do Conselho da Porto, Bruno Garfinkel, manifesta alguns de seus entendimentos e crenças. Bruno antes de chegar à empresa da família, trabalhou no mercado financeiro e fez a Boston University. Diz Bruno:

- Início: Porto Seguro, Sinistros. "Abrindo os sinistros. As pessoas telefonavam e eu fazia o atendimento... ou seja, comecei pelo início e não tive facilidades...".
- Área Comercial: "Depois de um tempo trabalhando no Rio assumi a posição de Diretor Comercial em São Paulo. Aprendi como é trabalhar com nosso principal canal de distribuição. Fiz grandes amigos e absorvi mais uma onda de aprendizados...".

INTELIGÊNCIA DE MERCADO • 53

- Sinistros: "Na sequência fui cuidar da área de sinistros. Uma área que as pessoas sempre trabalham sob tensão. Onde se encontra a despesa. Em verdade é a área mais importante da empresa. O sinistro é o coração do marketing de uma companhia de seguro. É a hora que as pessoas constatam e comprovam se o que compraram valeu a pena".

A propósito, e fazendo uma pausa nas palavras do Bruno, um dos positioning statements mais sensacionais com que cruzei nos meus 51 anos de marketing, foi o de uma seguradora que tinha com naming, o nome da cidade de onde imagino procedia, Niterói. Seu positioning statement, de alguma forma confirmando por antecipação o sentimento do Bruno, era, "A Niterói não Discute; Paga!" Mas, e voltando ao Bruno, sobre:

- Inovações: "Na gestão de Bruno muitas inovações aconteceram no território dos sinistros. Dentre outras, o aviso do sinistro on-line, a operação Renova Ecopeças – onde a própria Porto faz a reciclagem das peças de carros batidos e revende no mercado mediante certificação prévia do Detran."
- O Maior Desafio: Depois de sinistros Bruno foi cuidar de automóveis. "Uma responsabilidade enorme. Quando você ingressa num time perdedor é mais fácil, qualquer melhoria aparece e valoriza, mas comandar a Porto Automóveis foi como pilotar a seleção brasileira...".

E sobre porque, e antes do conselho, não assumiu a posição de CEO?

- "Depois que conseguimos alinhar tudo na área de automóveis, a Porto contava com dois diretores. Marcelo Sebastião e Fernando Milagres, fenomenais. Então cheguei para meu pai

e disse que o meu trabalho na área executiva estava concluído e deveríamos promover para a posição um dos dois...".

Assim, e de forma tranquila e sensível, a Porto Seguro finalizou
sua terceira transição. Uma nova e importante referência para todas
as demais empresas familiares.

Sono!

Acredito, a essas alturas do jogo e da vida, que nenhum empresário,
profissional e até mesmo os jovens estudantes tenham a menor dúvida sobre a importância do sono.

Cada um de nós, algumas vezes na vida, já deve ter se dado
conta de como é difícil enfrentar-se o dia seguinte diante de uma
noite mal dormida. Arrasta-se o dia todo. E, atenção, reparem, per-
demos a noção da distância e terminamos o dia com alguns arranhões, no mínimo.

Arianna Huffington, a legendária jornalista e empresária que
criou e vendeu o The Huffington Post por quase meio bilhão de
dólares, andava num ritmo frenético até o dia que se levantou a
noite, sonolenta, e se arrebentou na porta do armário do quarto.
Depois de dias hospitalizada decidiu mudar sua vida radicalmente
e escreveu um livro e iniciou o movimento Thrive – florescer, crescer, prosperar...

Meses atrás, o professor Matthew Walker, psicólogo e neuro-
cientista, apresentou uma série de pesquisas onde relaciona as decorrências comprovadas do se dormir pouco, e mal. Diz: Matthew,
"muitas pessoas têm a mania de brincar dizendo, "vou deixar para
dormir quando morrer, aí terei todo o tempo para...". Confesso, eu,
Madia, que já fiz essa brincadeira algumas vezes. Está na hora de
parar com essa brincadeira sem nenhuma graça e com graves consequências. "Dormir pouco e mal está se convertendo numa das mais

graves epidemias silenciosas do século, um dos maiores problemas de saúde pública...".

E a partir daí foi relacionando as descobertas de sua pesquisa...

- Homens que dormem apenas cinco horas por dia têm testículos significativamente menores do que quem dorme sete ou mais horas... O nível de testosterona dos que dormem menos corresponde a de homens 10 anos mais velhos.Inteligência de MercadoNos últimos 10 anos aprendemos que você precisa dormir depois de aprender aquele botão de salvar e não esquecer suas memórias.
- Aprendemos também que o cérebro é uma esponja seca próxima a ficar molhada de conhecimento. "Sem dormir, o circuito de memória do cérebro fica molhado o tempo todo e não consegue absorver nada novo".
- Durante os estágios de sono mais profundo ondas cerebrais grandes e poderosas acontecem e funcionam como a transferência de arquivos de uma espécie de memória de curta duração para memória de longa duração.
- Assim, e a partir de 2018, começamos a concluir que a piora na qualidade do sono na medida em que vamos envelhecendo pode estar contribuindo para a perda acelerada da memória e antecipando o aparecimento do Alzheimer...

E recomenda, evitar álcool e café a noite; procurar sempre dormir num ambiente entre 16 a 18 graus de temperatura; dormir em quarto totalmente escuro; tablets e celulares na cama nem pensar...

Agora a Bola, ou, um sono de qualidade, está Conosco. Seguirmos no desatino, ou, nos emendarmos. Espero que você reveja seus hábitos ontem. Precisamos e contamos muito com você. Face aos meus compromissos com os assinantes da plataforma de mentoring em negócios, Perennials, eu me levanto todos os dias às 4 horas. E desde que assumi esse compromisso tento estar na cama, e se possível dormindo, até às 22 horas.

Nas primeiras semanas foi uma dificuldade muito grande. Hoje, adaptado, consigo em 4 de cada 5 noites.

Sim é possível adquirir novos e bons hábitos. E por falar em dormir, deixo com vocês uma dúvida que nos intriga aqui no MMM, e já que o assunto é dormir, se você é daqueles que compra colchão uma vez por ano, mês ou semana.

Essa é a sensação que temos quando nos deparamos com uma quantidade gigantesca de lojas grandes e que vendem colchão espalhadas em diferentes cantos da cidade de São Paulo. Um mistério...

Nudismo, a Tendência!

Os justos já não pagam mais pelos pecadores... Elvira pagã é nossa rainha... Tudo, quase tudo, é pay per use... O que ainda não é, será... Do mundo do ter, para o mundo do ser e usar... Fomos! Viva os peladões!

O pay per use chegou, e também, aos seguros de automóveis. Essa nova modalidade, já presente em muitos países, foi lançada no mês de agosto de 2018 no Brasil, numa parceria entre a Generali Seguradora, e a Insurtech Thinkseg, do ex-Pactual André Gregori.

Apenas a título de exemplo, e considerando o modelo do automóvel, o segurado pagará uma mensalidade fixa de R$ 90, que cobre roubo, furto e colisão, mais um valor variável, mês a mês, e relacionado à utilização do veículo, e quilômetros rodados. Quando o carro permanecer parado, o seguro adormece, e o segurado não paga a parte variável.

No ano de 2016, onde essa modalidade de seguro começou a decolar, e nos países em que realizaram-se os lançamentos, foram vendidas 30 mil apólices. E em 2020, 4 anos depois, superou a casa das 100 milhões de apólices.

Além da Generali, outras seguradoras estão com semelhante seguro no forno aqui no Brasil, prontos para lançamento. Em 2 anos, no mínimo, duas dúzias de seguradoras fazendo a migração.

Quarenta e cinco anos atrás, embarcando para Nova York cismei que deveria fazer um seguro de viagem. Baixa aquela cisma, e tinha por que tinha que viajar devidamente segurado. Trabalhava na Almap, na Avenida Paulista, e cercado de bancos. Fui de agência em agência querendo fazer um seguro de viagem e ninguém oferecia essa possibilidade.

Até que entrei na agência do Bradesco e o gerente sorriu e me disse, seguro, seguro de viagem não temos, mas temos os serviços que é de verdade o que o senhor quer. Viajar tranquilo e que, em caso de sinistro, deixa sua família garantida, certo? Eu disse sim e ele me vendeu um seguro de vida que passava a valer naquele momento. E me disse, quando o senhor, voltar, volta aqui e cancela... Precisa de mais alguma coisa?

Hoje tem. Tem o de viagem e de tudo mais. E só se paga pelo uso. Estamos de mudança. Do ter para o dispor. De possuir para o usar. E que é como será o mundo e nossas vidas, cada vez mais. Algumas seguradoras vão além. Instalam dispositivos sensores no carro dos segurados, que registram inclusive a forma como o segurado dirige. Possibilitando estímulos no formato de descontos para todos os que dirigirem de forma comedida e prudente.

Ser bom segurado até anos atrás não valia nada. Hoje, além de prevenir acidentes, vale dinheiro. Ser ótimo motorista é quase a certeza de seguro grátis. Os bons não pagam mais pelos maus e pecadores. Os justos e cidadãos, não pagarão mais pelos irresponsáveis e inconsequentes.

Ou seja, amigos, os tempos de se comprar e ter seguros inteligência zero, ficaram, definitivamente para trás. Assim como para quase todas as demais coisas em nossas vidas. Finalmente, e depois de um século de desespero para comprar, ter, possuir, ser dono, consumir, resgatamos o juízo. Tudo o que queremos é, e quando decidirmos, ter a possibilidade de usar.

Pedimos pelo produto, mas compramos e queremos os serviços que o produto presta. Fora isso queremos retornar a condição que um dia chegamos ao mundo. Pelados. Pelados e felizes. Viramos nudistas, quem diria. Somos filhos de Elvira Pagã! Já era tempo.

Lojas e Cosméticos: À Volta ao Passado

Muitos se perguntam por que a Natura decidiu, anos atrás, voltar a ter lojas? Muitos se perguntam, por que a Avon Brasil, agora da Natura, decidiu somar-se a Lojas Pernambucanas e vender seus produtos na tradicional rede brasileira? Muitos se perguntam por que a Natura valorizou e atribuiu grande importância à compra da Body Shop, rede de lojas em diferentes países inclusive no Brasil?

Pela simples razão que comprar cosméticos, cremes, perfumes, pela internet, é um tédio. Porque durante décadas as mulheres do mundo, e especialmente do Brasil compravam em suas casas porque não saíam de casa e não trabalhavam fora. Porque em verdade, quando recebiam as revendedoras da Avon e da Natura, era quase como se tivessem comprando uma sessão light de terapia individual e companhia.

E assim, em condições normais, lugar de comprar cosmético é em loja. Física, irresistível, aromatizada, bonita, encantadora, vendidos por mulheres arrumadas, maquiadas, educadas... E por aí vai.

No início da internet, um dos primeiros sites de beleza de grande sucesso foi o Eve. Na época, chegava a ter mais de 800 mil acessos por mês apenas nos Estados Unidos. Esses acessos vinham dos computadores das mulheres que trabalhavam nas empresas. Antes de completar um ano encerrou suas atividades e deixou o seguinte aviso nas telas: "durante quase um ano informamos a vocês sobre todas as novidades, lançamentos, dicas, que vocês adoravam saber.

INTELIGÊNCIA DE MERCADO • 59

E depois, no horário do almoço, aproveitavam as dicas e as novidades para realizarem suas compras presencialmente na Macy's, Bloomingdale's, Neiman Marcus, Sears, Sacks... Em todos esses meses realizamos míseras duas dúzias de vendas... Concordamos com vocês, não existe melhor lugar para se comprar cosméticos que as lojas. E por isso, conscientes que jamais venderemos um único vidro de perfume ou qualquer creme de beleza, nos despedimos e encerramos nossas atividades. Sigam lindas para sempre!".

Se você ainda tem alguma dúvida, num final de semana de agosto de 2019, duas jornalistas do Financial Times sediadas em Paris deram o seguinte depoimento:

"É hora de almoço no distrito financeiro de La Defense, em Paris, e a loja da Sephora está abarrotada de clientes em busca das novidades em maquiagem e beleza. Uma mulher experimenta um novo batom, outra testa um novo perfume... Assim como procedeu com suas lojas de Times Square e Dubai Mall, a Sephora de La Defense foi reaberta dias atrás, e após uma grande reforma. A Sephora trabalha com 300 marcas e quadruplicou suas receitas nos últimos oito anos...". Explica Chris de Lapuente, CEO da Sephora: "Muita gente teme o fim do varejo e não investe em loja. Isso acaba se transformando numa profecia autoalimentada. Estamos renovando 100 lojas neste momento em todo o mundo...". E arremata, "O varejo da experimentação é crucial para nosso sucesso. As pessoas vêm a Sephora em busca de orientação e aconselhamento, vêm para ouvir. E nós ensinamos, inspiramos, executamos... Já na internet... Aqui você vem e experimenta, é de verdade".

Pra complicar tudo veio a Covid-19 e os apóstolos da ignorância babaram, "Não disse, o varejo de beleza chegou ao fim...". Vão ter que dobrar a língua e, se possível, engolir para sempre...

É isso amigos. Não se trata de uma volta ou retorno. Apenas a sensação de que alguns comportamentos tinham mudado. E que agora se sabe e mais que confirmado, jamais mudarão! Lugar de comprar beleza, sonho, encantamento é em loja. Hoje, amanhã e sempre...

CAPÍTULO 3

Sucessos, Fracassos, Aprendizados

UBER de trás para frente é REBU. Acaso, coincidência, ou premonição... E em meio a pandemia o AIRBNB alucina, enfia os pés pelas mãos, e um de seus fundadores colocam em dúvida o futuro.

Em momentos de crise muito importante, se possível resgatar a origem, como fez a LEGO. E mais que na hora de STELLA MCCARTNEY saber o que é o verdadeiro marketing.

EXAME VIP partiu do mesmo jeito que chegou. Irrelevante. E mesmo faltando 80 anos para o final do século o BOEING 737 MAX é o mais forte candidato ao maior dentre todos os fracassos.

O sonho de MARCIO KUMRUIAN hoje mora na MAGALU e hambúrguer continua sendo hambúrguer e de carne. O tal do vegetal é uma bobagem.

Papai Noel nasceu na Lapônia, tudo bem, mas hoje mora em Gramado. E o WE WORKED...

Uber, ou, Rebu!

E aí Travis Kalanick teve um insight em meio a neve em Paris e diante da dificuldade de conseguir um táxi. Vendo centenas de carros particulares passarem apenas com o motorista no volante. Pensou, será que não poderiam dar carona e ganhar alguns trocados?... E nasceu o Uber. Iniciava-se, nesse momento, um processo de disrupção monumental.

Os primeiros que entraram na dança foram os motoristas de táxi que quase sodomizavam os passageiros, mantinham os carros sujos, vez por outra se destemperavam e desancavam clientes. Coisas de um mundo sem concorrência.

Os segundos foram os que no passado investiam em linhas telefônicas, e viram seu negócio disruptar com a privatização das teles. Pegaram o que sobrou das economias e com compadrio e corrupção foram conseguindo montar frotas de táxis. Muitos, com 300, 400, 500, 1000 carros, que alugavam aos taxistas sem carro por uma diária de R$ 200 a R$ 250 dependendo do modelo. Uma espécie de retorno à escravatura.

E aí mais para escravos do que para motoristas, muitos trabalhavam até as 18, tendo começado o dia as 6h ou 7h da matina, apenas para pagar a frota. E iam tentar ganhar algum dinheiro das 18h às 24h. Dirigindo 14 horas por dia.

Até que os mais espertos, de um lado, e as locadoras do outro, descobriram que era possível alugar os carros, trabalhando no aplicativo do Uber, por uma diária de valor significativamente menor, pagar o percentual do Uber, e poder levar muito mais dinheiro para casa.

E por sua vez, os motoristas de táxi que tinham táxi próprio e licença, começaram a considerar se não era mais conveniente venderem seus carros, alugar um nas locadoras, e trabalhar com os aplicativos... Bingo! Roda completa! As frotas mergulharam no derretimento. Na espera de motoristas que jamais voltarão. E as locadoras escalaram!

As ações das três – Unidas, Localiza e Movida – subiram 2019 todo, o lucro aumentou, e hoje os motoristas dos aplicativos, que há 5 anos eram zero no movimento das três já respondem, por um percentual entre 20% a 30% de todo o negócio. Nas três, hoje, uma divisão especificamente voltada para o atendimento dos motoristas de aplicativos.

Em síntese, a nova situação, conforme depoimento de Edvaldo das Neves, 55 anos, que alugou um Cobalt da Movida para trabalhar com o Uber: "Cadastrei-me na plataforma há exatos 18 meses. Nesse período completei – tenho tudo registrado – no final da semana passada 4.500 corridas. Antes trabalhava em multinacionais na parte comercial, mas, depois dos 40 anos, você fica fora do perfil. De nada adianta mais o bom currículo e as referências que tenho.

A Movida me cobra R$ 50 pelo aluguel diário, e minha meta diária é terminar o dia com R$ 250 faturado. E não deprecio o meu carro porque o carro não é meu e assim troco com frequência sempre que começo a sentir problemas...".

Deu pra entender? Mudou tudo. Na cadeia, e por reação em cadeia. E vai mudar mais ainda quando as montadoras, todas, converterem-se em locadoras e não venderem mais seus automóveis. Brevemente, nas melhores cidades e metrópoles do mundo...

E o que restará ao Uber? Em algum momento dará lucro? Parará em pé? Na abertura de capital uma decepção total. E os prejuízos só fazem crescer trimestre a trimestre...

Seria o Uber, apenas um mensageiro dos novos tempos? Que veio para disruptar as frotas de táxis, infernizar os taxistas autônomos, enriquecer as locadoras, e, sacramentar a mudança no modelo de negócios da indústria automobilística?

Que cumprida a missão de agente transformador cometeria suicídio ou se afogaria antes? Por enquanto, assim parece... Mas, vamos aguardar um pouco mais.

Uber, lendo-se de trás para frente é Rebu... Acho que é por aí mesmo...

O Airbnb Não É Mais Aquele...

Preservar consistência de foco é um mega desafio, muito especialmente para empresas vencedoras. E assim, e ao invés de concentrar-se em seu modelo original com todos os aperfeiçoamentos necessários, o AIRBNB de dois anos para cá começou a derivar, perigosamente.

Começo a desconfiar que os negócios disruptivos vão trabalhar com dois focos. O que origina o negócio, disruptivo, detonador, que arrebenta cadeias de valor, que vale-se da impunidade por ausência total de regulação em alguma iniciativa que não se previra porque não existiam as plataformas e a tecnologia engatinhava, pega todos de surpresa, e a ação é devastadora.

E depois, quando a ficha cai, os demais players acordam, o estado quer seus impostos, os incomodados colocam a boca no trombone, e é exatamente nesse momento, que se irá descobrir se a startup tem consistência em sua disrupção ou se só disrupta, mata e morre. Tipo, Carcará! Airbnb, disrupta, mata e morre! Claro, na voz da Bethânia.

Diante de alguns problemas enfrentados na Europa e muito especialmente nos Estados Unidos, o Airbnb passou a incorporar prédios que teriam como vocação principal ocupação temporária. Mais adiante comprou 10 andares no Rockefeller Center, e escancara sinais de demência precoce. E agora, cria uma tabela de preços específica, para aqueles que ao nascer converteram-se em seus maiores inimigos, os hotéis, para que os hotéis captem hóspedes, também, pela sua plataforma. Curto e grosso, o Airbnb pirou!

Mesmo considerando-se que o objetivo final é o mesmo, vender diárias para hospedagens, uma coisa é prestar esses serviços para os milhões de proprietários de imóveis em hoje praticamente todo o mundo. E outra, inserir-se no trade de reservas, prestando serviços para as grandes cadeias hoteleiras, e concorrendo com o Expedia, Booking, e duas dezenas mais.

Um pé em cada canoa! Costuma não dar certo. Lembram, Kodak? Quando decidiu migrar para as digitais, sua invenção e obra, já era tarde demais. Afogou-se. Confiariam os hotéis no aplicativo que colocou em risco todo o business de hotelaria?

O quanto essa investida não vai enfraquecer o Airbnb em seu modelo original e junto aos milhões de proprietários que confiaram no aplicativo? Ou, e finalmente, teria o AIRBNB, diante das grandes confusões que vai produzindo no mundo inteiro, com brigas monumentais entre as pessoas que compraram imóveis e moram nos imóveis, com investidores que também compraram imóveis no mesmo edifício, mas, e através do Airbnb, alugam por dias para estranhos, teria concluído que no médio e longo prazo seu modelo disruptivo não suportará as pressões de proprietários moradores, devidamente amparados pelas prefeituras de cada cidade?

Residência, ainda que provisória é residência; casa de tolerância, pensão, hospedaria, motel, outra, completamente diferente. Tirem as criancinhas e os idosos do corredor! Ou seja, e conforme mais que previsto, a hora da verdade dos disruptivos vai se aproximando. Brevemente, o final do primeiro ciclo onde, e finalmente, constaremos quais os disruptivos que tinham, e quais os que careciam de consistência e sustentabilidade. Quais tinham e tem, de verdade, café no bule.

Os fundamentos dos negócios não foram revogados. E nesse ritmo, o "Where is the Beef" do Airbnb existia, mas, passado o efeito surpresa, vai se dissipando, sumindo, evaporando. "Beef" que é bom...

Só que a essas alturas dezenas de gestores de investimentos investiram centenas de milhões de dólares no aplicativo...

Ou seria air, tobeornottobe?

O Resgate da Lego

A primeira Roda-Gigante do novo milênio mudou de mãos. A que foi planejada para marcar a virada. E o Rio de Janeiro também ganhou sua Roda-Gigante. 88 metros de altura e na zona portuária. Expectativa de um milhão de visitantes a cada ano. Provisoriamente parada esperando o vírus partir ou a vacina chegar.

No mês de junho de 2019, a fundação familiar dinamarquesa Kirkbi, mais conhecida por ser a proprietária da Lego, anunciou ter adquirido o controle da Merlin Entertainment, por US$ 7,5 bilhões, responsável e dona de muitas e importantes atrações turísticas, como os Museus de cera Madame Tussauds, e a London Eye a roda-gigante que nasceu para ser comemorativa da chegada do novo milênio, e, poucos anos depois, seria desmontada.

Institucionalizou-se, virou definitiva, e deu origem a uma série de rodas-gigantes pelo mundo, e que alcançará seu ápice não mais agora em 2020, – foi adiada – no dia 1 de outubro de 2021, com a inauguração da Ain Dubai (olho), O Olho de Dubai, com 201 metros de altura, e por ocasião da abertura da Feira Mundial.

A Kirkbi é a fundação da família de Kirk Kristiansen, neto do criador da Lego. Mas, a responsável pela recuperação da empresa, e sua expansão mundial, foi a decisão da empresa de contratar um consultor externo, Jorgen Vig Knudstorp, e meses depois, convertê-lo em CEO.

Para colocar em prática o que recomendou em seu diagnóstico e planejamento estratégico para 7 anos, e diante da falência eminente: "Back to the Basic". Resgatar, o foco, urgente. Respeitar o DNA. E, mergulhar de cabeça. E jamais parar de ir cada vez mais fundo. "Voltar ás origens, para retomar o caminho do crescimento e da prosperidade".

O ano era 2003, dívidas de quase US$ 1 bilhão sem a menor perspectiva de pagamento. Quando escancarou a situação dramática da empresa ao conselho da família ouviu comentários, como, "não concordamos, você está completamente equivocado, suas previsões quanto ao futuro estão erradas". Jorgen guardou seus papéis e anotações, pegou seu notebook, e saiu do prédio da Lego convencido de que não mais retornaria. Ligou para sua mulher no caminho e disse, "querida, hoje foi meu último dia na Lego".

Um ano depois, e com a situação se agravando foi chamado de volta, outubro de 2004, para assumir o comando como CEO com o desafio de estancar a sangria e resgatar a mística, legenda e legado Lego: todos os dias a empresa perdia US$ 1 milhão. Jorgen, naquele momento, 35 anos de idade, só tinha uma única resposta para reverter dramaticamente à situação da empresa. Uma velha, boa e redentora pecinha de plástico. Deu certo! Retornar às origens...

De menos de US$ 1 bilhão de 2003, para mais de US$ 6 bilhões de receitas em 2018. No início da pandemia fez uma doação de 50 milhões de dólares para atenuar o impacto da Covid-19 em crianças carentes pelo mundo.

Uma vez resgatada à essência da empresa, seu DNA, seu princípio ativo, Jorgen foi soltando de forma sensível e competente as amarras para que, e respeitada a essência, a empresa fosse desenvolvendo novos negócios. Desde que, repito, respeitassem e fossem absolutamente consistentes com o DNA. E culminou com a aquisição da Merlin Entertainment, com a roda-gigante de Londres, e os museus de celebridades pelo mundo de Madame Tussauds...

A Disney ainda guarda uma distância gigantesca de vantagem em relação a Lego, mas, convém não descuidar-se... Uma lição espetacular da importância de jamais perder o Phocus, de respeitar o DNA, e de como crescer com consistência e segurança. E um dos melhores cases de resgate, revitalização e espetacular crescimento dos primeiros 20 anos do século 21.

Stella McCartney e o Marketing

Mesmo as pessoas que entendem e utilizam com consistência, relevância e eficácia, o pensamento e o ferramental do marketing – Em Verdade, a Ideologia da Empresa Moderna – volta e meia reincidem na prática antiga de tratar o Propulsor dos negócios, do sucesso e da sustentabilidade, como se fosse um truque, trambique, picaretagem; oco e vazio; um estelionato.

Revista Wired Jan/Fev 2019, versão inglesa. Na capa a genial Stella McCartney. E lá vou eu todo entusiasmado com a matéria quando de repente, e em meio a uma conversa sobre meio ambiente, Stella sapeca a seguinte afirmação: "I Get Frustrated That 90 Percent Of Environmental Issues Mentioned In Fashion Are Marketing...".

"Sempre me frustro, diz ela, que todas as vezes que se fala sobre meio ambiente na moda é apenas uma atitude promocional, é apenas marketing...". Não tem jeito. É uma pena, é um absurdo, mas continuam tratando o marketing de forma equivocada e burra. E Stella, que é uma craque, não tinha o direito de expressar tamanha bobagem ou impropério. Mas, e na distração, escapa...

Durante duas décadas o Marketing foi um ilustre desconhecido. Décadas dos 1960, e 1970. A partir dos anos 1980, pessoas que tinham até medo de pronunciar a palavra rapidamente foram se posicionando no mundo e na vida como se fossem autoridades e dominassem o assunto. E assim o marketing se popularizou, vulgarizou, e passou a ser uma espécie de Judas de todas as coisas ruins que aconteciam em empresas e profissionais – Apreço Zero pela ética e pela responsabilidade.

Foi nesse exato momento que decidiu-se dar uma trégua para o craque Gerson, que acabou absurdamente convertendo-se em sinônimo de espertalhão, por uma propaganda de cigarro onde o craque da seleção dizia, "Gosto de Levar Vantagem em Tudo". E acabou se transformando na Lei de Gerson. Nesse exato momento corrigiu-se a injustiça, deu-se sossego e paz para o craque, e, em seu lugar passou-se a usar a palavra marketing e marqueteiro. "Isso é marketing", ou, "fulano é marqueteiro".

Muito relacionado com as barbaridades cometidas pelos profissionais de marketing que passaram a prestar serviços aos partidos políticos e mergulharam de cabeça, corpo, alma, no lixo da corrupção escatológica e monumental.

Piadas foram se multiplicando. Como a da mãe com dois filhos que perguntada o que achava sobre o futuro deles, responde, "Dimas vai ser médico, gosta de ajudar as pessoas, é solidário e amigo, e tem muito interesse pelo corpo humano, ciências e biologia. Já o Tibério, que enrola pra burro, que trapaceia no jogo, que engana os professores, e passa colando, sempre... Claro, será marqueteiro...".

O marketing de verdade completa em 2021, 67 anos. Nasceu no livro Prática de Administração de Empresas, do mestre e mentor da administração moderna, Peter Drucker. Nesses 67 anos a utilização de seus princípios e práticas, só cresceu de importância, e agora alcança seu apogeu e plenitude. Neste momento de transição, de ruptura, de dúvidas, incertezas, insegurança. A única possibilidade que as empresas têm de atravessar o cabo das tormentas do tsunami que disrupta tudo, é se pensando e planejando de fora para dentro. Sob a ótica do mercado, sob a ótica do cliente. Fora disso não existe nenhuma possibilidade de salvação.

Ao anunciar o marketing para o mundo, nas páginas do livro de 1954, o mestre, Drucker, sentenciou: "Todas as empresas, de todos os portes e especializações, têm duas e exclusivamente duas funções. Marketing e Inovação. Marketing para conquistar e preservar clientes, e, Inovação para sobreviver". Durante 3 décadas fez-se uma leitura débil e menor de que Marketing era apenas uma área nas empresas e um conjunto de ferramentas.

Essa visão menor e restrita ficou para trás quando algumas das empresas de maior sucesso do mundo da velha economia, e todas as de sucesso da nova economia, entenderam que muito mais que uma caixa de ferramentas ou departamento/diretoria, Marketing é uma forma de pensar e planejar e agir. De ver os negócios, o mundo, os relacionamentos, a vida. A ideologia das empresas verdadeiramente modernas.

É a atitude presente em pessoas e organizações de sucesso de, antes de olhar para dentro e sempre, olhar para fora. De colocar-se permanentemente no lugar das outras pessoas. É a de ter, incorporar e carregar consigo, pessoas e empresas, uma atitude de permanente empatia. Do Put Yourself in Someone's Shoes, colocar-se permanentemente antes e acima de tudo e de todos no lugar dos outros, das outras pessoas, sempre e permanentemente. O verdadeiro marketing é a essência da vida e do comportamento de empresas e pessoas.

No meu caso específico, Madia, mais que ideologia, é minha religião, mas se mesmo assim algumas pessoas insistem em usar a palavra marketing como sinônimo de trambique e picaretagem, que fiquem a vontade. São pessoas despreparadas, ignorantes, mínimas. Que preferem atribuir a uma palavra, usada de forma tosca e rudimentar, a responsabilidade pelas barbaridades que empresários e profissionais do mal cometem em seu santo e abençoado nome Marketing!

Para essas pessoas, uma das mais geniais conquistas da humanidade, a Faca, é a responsável por todos os mais hediondos crimes que psicopatas cometem. Ainda que em momentos de normalidade e lucidez, usem a Faca para o que nasceu, foi concebida e destinada. Para possibilitar que, dentre outras coisas, façamos a preparação de nossa alimentação, e que, ao nos poupar tempo, possibilitou que desenvolvêssemos nossa inteligência, diferente das demais espécies animais, e evoluíssemos e ascendêssemos à Sociedade e Economia do Conhecimento. Como por sinal, e também, nos ensinou o amado mestre, Peter Drucker.

É isso amigos. Não se irritem com os que usam marketing de uma maneira torpe e repugnante. Abarrotada de preconceito e ignorância. Eles são assim mesmo. Use o marketing que você tem dentro de você e coloque-se no lugar deles. Não obstante a ignorância, merecem respeito. Admiração, jamais. A vida deve ter judiado muito deles para que protagonizem tamanha estupidez. Parabéns, marketing, ideologia da empresa moderna, no momento de seus 67 anos.

Exame Vip? Lembram...

Nos anos 1980, e diante da perspectiva de tempos melhores, de prosperidade e fortuna, da ascensão de uma nova classe de executivos

SUCESSOS, FRACASSOS, APRENDIZADOS • 71

profissionais, e na tentativa de desenvolver e ser uma espécie de mentoria deles sobre futilidades, Exame decidiu criar um caderno especial dentro da revista exclusivamente dirigido aos jovens e prósperos profissionais, e para motivar e causar inveja em todos os demais.

Por outro lado, e dentro da Abril, os primeiros sinais que a revista Playboy gradativamente ia se desposicionando, diante de outras revistas de nudez mais explícita e conteúdo apimentado, mas sem a possiblidade de retornar a décadas atrás onde notabilizou-se por uma nudez soft e artigos e ensaios de excepcional qualidade. E ainda, a pornografia comendo solta em vídeos e dvs, e em canais a cabo.

Na primeira capa do encarte Exame Vip o empresário e presidente da Bovespa. Fernando Nabuco. Em poucos meses, e diante do sucesso, Exame Vip desmembrou-se de Exame, ganhou vida própria. Em sua edição de número 12, de janeiro de 1982, a primeira mulher a merecer a capa da publicação, a promoter Ana Maria Tornaghi.

Aos poucos, as mulheres com pitadas crescente de sensualidade foram tomando conta da capa, ensaios dessas mulheres passaram a merecer páginas da revista, e por lá desfilaram Thereza Collor, Sabrina Parlatore, Luma de Oliveira, dentre outras. As tiragens crescentes, ainda a uma distância monumental de Playboy, mas com números superiores a 100 mil exemplares.

Janeiro de 2019. A Abril confessa-se quebrada ao mercado. Hoje, vendida inteirinha e por um valor simbólico, a uma empresa especializada em demolições. Foi comprada simbolicamente por uma nota de 1 real por investidores especializados em destroçar e vender em partes restos de impérios. Mais ou menos o que acontece com os frangos de televisão de cachorro e vendido aos pedaços... coxa, asa, peito, sobrecoxa...

Revista Exame, 1178, 2ª quinzena janeiro de 2019. Na capa, a tragédia de Brumadinho. E a pergunta, por quê? No miolo, o que sobrou de Exame Vip que voltou a ser encartada. 5 páginas. Assuntos soltos, carros patéticos, mulheres perdidas, dois comentários de um parágrafo de filmes, outro de livro, e outro de música. Fim.

Sem a pergunta Por quê? Da capa. Os editores se perguntam Por que? A Brumadinha... Mas, não tem a coragem de se perguntarem Por que? Exame... Dentre os restos mortais de Exame Vip, perdidos nos arquivos do digital, as 100 mais de VIP.

As gostosonas dos leitores, hoje muitas avós, e outras que mergulharam irreversivelmente no anonimato e esquecimento. Luana Piovani, Scheila Carvalho, Ellen Roche, Daniella Cicarelli, Angelina Joli, Juliana Paes... Segue o curso, segue a vida. No ano de 1998, Cindy Crawford foi a 5ª colocada. Em 2001, Sandy a 3ª, e em 2004, Danny Bananinha ocupou a 7ª colocação... Definitivamente, nada é para sempre. Cá entre nós, Exame Vip já foi tarde. Jamais passou de uma monumental bobagem! Uma espécie de pedestal ao fútil, a irrelevância, ao insignificante, ao obsoleto.

Boeing, Max, 737:
O Comercialmente Perfeito É um Desastre

Não sou especialista em aviação. Como vocês, vez por outra, faço um voo aqui, outro ali. Sou Consultor de Empresas e minha competência é negócios. Assim, declaro-me absolutamente incapaz de apontar falhas técnicas ou de engenharia ou métodos construtivos numa aeronave. Mas, e depois de quase 40 anos de consultoria e mais de 1.200 trabalhos realizados sou capaz de analisar qualquer negócio e prognosticar, com uma margem de acerto superior a 95%, se tem ou não chances de dar certo. Claro, enquanto negócio.

Mesmo antes de trabalhar como consultor, quando comandava o marketing do Itaú, anos 1970, e depois de mergulhar nos dados, conclui que o Concorde era inviável. Publiquei um artigo denunciando a inviabilidade econômica do projeto. Fui solenemente linchado. Infelizmente, estava certo. Mais recentemente, quando se começou a comentar sobre o Airbus A380, fiz uma rápida análise e escrevi um artigo. Título, "Sem Chances". Para esse avião viabilizar-

SUCESSOS, FRACASSOS, APRENDIZADOS • 73

-se toda a infraestrutura de terra teria que ser revista e reconstruída. Infelizmente, estava certo.

Quando a Boeing anunciou seu 737 Max fiquei entusiasmado. Fui estudar o avião. Terceira ou quarta geração de uma família de sucesso. Mas, uma adaptação. Não cheguei a dizer que não daria certo, mas manifestei meu ceticismo pela decisão da Boeing de não projetar um novo avião do zero e partir para um remendo radical. Se tudo o que a Boeing prometeu se confirmasse na prática, o 737 seria o avião dos sonhos de todas as empresas aéreas do mundo. Na última linha deixaria um resultado de 20%. Infinitamente maior que o maior dos sonhos e delírios das empresas aéreas. E, assim, saíram comprando. A maior fila de toda a história da aviação para receber um avião. Em poucos meses, bateu todos os recordes de compras em avião de sua categoria.

A certeza do sucesso de um modelo adaptado era tão grande que negligenciaram naquilo que é comum no marketing de produtos de consumo. No Shelf Life. A Boeing estava tão segura que queimou etapas e vadiou nos testes. Lembram, a pressa passa e a merda fica. E hoje, a situação é desesperadora.

De longe, a maior crise da indústria aeronáutica da história da aviação comercial. Mais de 1000 737 Max parados, centenas aguardando ordens para serem entregues, e dezenas de empresas aéreas que amarraram seu futuro ao avião da Boeing e agora não sabem mais o que fazer.

O avião talvez seja hoje um dos meios de transportes mais seguro dentre todas as demais alternativas. O índice de acidentes é de 1 em mais de 3 milhões. Infecção hospitalar, por exemplo, 1 em cada 300 que ingressam numa instituição de saúde. Os primeiros meses do 737 Max um desastre sem precedentes. Caíram, mais que cair, despencaram dois, com a morte de todos os passageiros e tripulantes, em menos de 6 meses de voo.

E aí veio a Boeing e disse tratar-se de uma falha no sistema. No MCA – sistema de controle de voo do avião – e que em sessenta dias tudo estaria resolvido e o mais fantástico avião da história da aviação, no tocante a rentabilidade, voltaria a ocupar os céus do mundo. Proibição no mês de março 2019.

Dois meses a promessa de solução da Boeing. Passaram-se 5 meses. Silêncio. As empresas que compraram o fantástico 737 Max indo ao desespero. Os fornecedores de peças tremendo. E milhões de prováveis e futuros passageiros crescendo na desconfiança e medo... Donald Trump ensandecido querendo comer o rabo de todos os incompetentes da Boeing.

Há dois meses, uma série de relatórios, explicações, laudos e pareceres, e a certeza absoluta e conclusão definitiva de que não houve falha humana. Os dois aviões, simplesmente, perderam sustentabilidade, e, caíram. Um modelo que não se sustenta no ar, ou se preferirem, que não para em pé em todos os sentidos.

E para conseguir a espetacular performance em termos de desempenho econômico, a Boeing buscou ganhos extraordinários com os novos motores desenvolvidos para o 737 Max. Max, em tudo, muito especialmente, em economia. E ao fazer isso, claro, sem que fosse essa sua intenção, ultrapassou em muito as margens de segurança para novas aeronaves. Repito, não entendo de aviação. Apenas lendo o projeto e na falta de melhores explicações da Boeing é o que minha sensibilidade me diz.

Qual a gravidade desse desastre sem precedentes? E além das quase 500 vidas perdidas? Que 20% do tráfego aéreo do futuro, e que transportaria mais de 30% dos passageiros, apostava e já tinha cravado seus planos no 737 Max. Portanto, uma nova solução urgente precisará ser encontrada para a substituição, considerando-se que não existem soluções urgentes na construção de aeronaves. No mínimo, entre 3 a 5 anos.

Conclusão, poderemos ter uma paralisia na aviação comercial em todo o mundo, o preço das passagens deve dobrar, e não se descarta, caso o governo americano não venha intervir, uma inviabilidade econômica de sua grande empresa da indústria aeronáutica, a

Boeing. Qualquer solução, e se existir, vai demandar, no mínimo, de 2 a 3 anos.

E se acontecer, quando acontecer, exigirá um esforço descomunal da Boeing para tentar resgatar aquela que era sua maior aposta em relação ao futuro. Num espaço de tempo muito curto 2 Boeing 737 Max, novíssimos, despencaram matando 346 pessoas na Etiópia e na Indonésia. E um terceiro não caiu pela felicidade de um piloto de folga a bordo e que já ouvira falar dos acidentes anteriores e tentou um novo procedimento que evitou a queda.

E aí voos cancelados, aviões proibidos de decolar, entregas suspensas, e a Boeing, não sabia se parava ou continuava. Mesmo porque, todos os seus fornecedores estavam contratados por todos os próximos anos e continuavam produzindo os componentes. A Boeing garantiu que o problema era de sistema e que tudo estaria resolvido em dois meses. Estamos ingressando no segundo ano, nada resolvido, e a Boeing decidiu desacelerar a produção e começou a notificar seus fornecedores, e redimensionar sua encomendas e reescalonar as entregas.

E mesmo que conseguisse corrigir os erros do projeto, precisará de muitos meses, seguramente anos, para uma campanha de resgate da credibilidade da aeronave. O plano inicial previa uma produção mensal de 52 unidades, com a possibilidade de chegar a 68, caso a demanda permanecesse crescente.

Diante dos acidentes, e com muitos pedidos e reservas cancelados, a Boeing decidiu reduzir a produção de 52 para 42. Os fornecedores, todos, revelaram-se atônitos. Alguns insistiam em manter o ritmo de produção como se a Boeing fosse produzir os 52 Max por mês. Outros acabaram enquadrando-se na nova estimativa. Todos nervosos e contabilizando prejuízos, e, pior ainda, sem saber o que vai acontecer daqui para frente. E enquanto isso, as ações dessas empresas fornecedoras derretem cruelmente. Segundo analistas, a parada radical na fabricação está custando para a Boeing US$ 1 bi por mês. Mas 1 bilhão por mês é nada diante da corrosão profunda na imagem da marca.

Assumo, uma vez mais, minha total e absoluta ignorância no assunto. Mas, respaldo-me na, minha sensibilidade e experiência de consultor. O problema do Boeing 737 Max não é de sistema, e sim, repito, de projeto. Os motores mais potentes, e que possibilitam uma economia espetacular na operação do avião, provocam uma fadiga precoce nos materiais e estrutura do avião. Ou seja, e guardada as devidas proporções e comentários, a Boeing, além de errar no projeto, foi irresponsável no Shelf Life! Não voou o suficiente para comprovar de verdade a qualidade e a segurança de seu novo produto...

Há menos de três meses a Administração Federal de Aviação dos Estados Unidos anunciou a descoberta de novos riscos potenciais no 737 Max. Estendendo a proibição de voos. Duas das maiores empresas dos Estados Unidos mergulham no desespero. A mais emblemática de todas, a Southwest Airlines, que tem toda a sua frota constituída exclusivamente de Boeings, e a United que anunciara a retomada de voos com o 737 Max para julho e depois a nova data passou a ser 3 de setembro... E estamos no final de 2020... E, nada! Isso vem significando o cancelamento de mais de 2000 voos a cada mês.

Acho que o 737 Max ingressará para a história como a mais precoce das mortes de toda a indústria. Morreu saindo do berçário, com poucos meses de vida. Nem mesmo chegou ao quarto... Talvez descubra-se tardiamente que o 737 Max era uma galinha. Com todo o respeito às galinhas... E para complicar tudo e ainda mais, e como desgraça pouca é bobagem, a pandemia...

Netshoes – O Quase Primeiro Unicórnio Brasileiro Ficou pelo Caminho

Hoje o Brasil tem uma dúzia de unicórnios. Mas durante dois anos a única aposta era a Netshoes. Chegou até a metade do caminho e não conseguiu seguir adiante. Agora pertence à Luiza.

SUCESSOS, FRACASSOS, APRENDIZADOS • 77

Não obstante o sonho, não obstante uma semana de glórias em New York City por ocasião da abertura do capital, não obstante a foto para a posteridade protagonizada por seu criador e presidente na manhã do dia 12 de abril de 2017, às 11h22, e mesmo com um tropeço na partida vendo as ações oferecidas por US$ 18 encerrarem o dia a US$ 16, ainda existiam esperanças que a Netshoes conseguiria dar a volta e ter esperanças. Não deu. Marcio Kumruian terá, quem sabe, um dia, ir atrás de um novo sonho.

No ano passado o desenlace. A cada trimestre a situação piorava. As manchetes das publicações de negócios eram mais que reveladoras. Portal do Varejo, "Prejuízo da Netshoes no final de 2015 é de 61, 2 milhões...; Valor, novembro/2017, prejuízo do grupo Netshoes salta 56% no terceiro trimestre...; Veja, 16 de maio 2018, Netshoes perde 58% do valor de mercado após prejuízo do primeiro trimestre...; Exame, 14 de novembro de 2018, Prejuízo da Netshoes quase triplica no 3º trimestre com queda nas vendas...; Infomoney, novembro/2018, Netshoes admite que diversificação deu errado e prejuízo quase triplica...

Meses atrás, jornal *Valor*: "B2W, Magazine Luiza e Mercado Livre avaliam comprar Netshoes...". Desde o início de 2019, e formalmente, a Netshoes encontrava-se a venda. Aquelas mesmas ações que no lançamento, há dois anos, e mesmo caindo, ainda foram cotadas acima dos US$ 16, semanas antes de sua venda para o Luiza fecharam abaixo dos US$ 3... De janeiro a setembro de 2017, a empresa registrou um prejuízo de R$ 120 milhões. Um ano depois, janeiro a setembro de 2018, R$ 241 milhões de prejuízo. No dia 3 de maio de 2017, no jornal Propmark e em artigo, manifestei minhas preocupações quanto ao futuro do Marcio e de sua Netshoes que naquele momento iniciava um longo caminho em direção ao fim. Torcia por ele. Mas, entendia e disse, naquele momento, ser tarde demais... Disse, dentre outros comentários, o seguinte, resgatando parte de sua narrativa: "Dia 8 de abril de 2013. Marcio Kumruian contava sua história, no 26º Fórum da Liberdade, PUC-RS: 'Quando comecei a Netshoes tinha cinco funcionários: três e mais eu e meu primo'. No primeiro mês vendemos um par de sapatos. No segundo, dois. Um crescimento de 100%...".

Na manhã da quarta-feira, 12 de abril de 2017, a Netshoes abria o capital na Bolsa de Valores de Nova York (NYSE). Um IPO – Oferta Pública Inicial – de 8.250.000 ações ordinárias ofertadas pelo preço de US$ 18. No final do pregão, uma desvalorização de 10,5% e as ações negociadas a US$ 16,10.

Todos, dissemos todos, comércios eletrônicos do Brasil acompanhavam sem respirar a trajetória da Netshoes. Era o laboratório. Era a escola. Uma escola que ia aprendendo – mais erros que acertos – e todos bebem nessa fonte. Originalmente, a Netshoes, fundada por Kumruian e Chabap, era uma varejista de artigos esportivos. Uma loja física, duas, três. Até decidir se migrar totalmente para o digital, para o e-commerce. Nas vésperas da abertura do capital encaminhou a documentação para a SEC – Securities and Exchange Commission. Uma receita líquida de R$ 1,74 bilhão, em 2016, + 15,2%, e um prejuízo acumulado de R$ 151,9 milhões, + 52% em relação ao prejuízo de 2015.

Sintetizando, a velocidade do crescimento do prejuízo era três vezes maior que o crescimento da receita, ou quanto mais vendia, mais perdia... Mas, e mesmo assim, todos acompanhavam seus passos. Todos querendo entender a garra, a energia, a alucinação de Marcio, e até onde sua jornada ensandecida o levaria. Uma espécie de cobaia voluntária ou inconsciente. A imprensa de negócios também seguiu seus passos. Passo a passo.

Em fevereiro de 2012, Época Negócios fez de Marcio e de sua Netshoes matéria de capa. Na edição de abril 2019 e, de novo, na capa, Marcio e sua Netshoes. Em 2012 o título era: "O grande passo da Netshoes". Na de abril de 2019, sai a afirmação e entra a pergunta: "Para onde caminha a Netshoes?".

Aos 17 anos, Marcio trabalhava com o tio na Clóvis Calçados, no Centro Velho de São Paulo. Aos 25 anos, usou parte de um estacionamento do tio na Maria Antônia, em frente ao Mackenzie, e começou a vender sapatos aproveitando o fluxo dos estudantes da rua. Aos 36 anos, implantou uma operação na Argentina e no México. Aos 37, bateu no primeiro bilhão de reais de faturamento. Aos 43, abriu o capital de sua empresa em NYC.

Sua trajetória é trôpega e movida à emoção. Muita emoção. Decisões tomadas no velho e bom e não necessariamente sábio "feeling". Bateu a ideia "vamos nessa". E assim, e além de sair para outros mercados fora do Brasil, e ter comandado uma empresa de capital aberto e com 2,7 mil funcionários, agregou ao seu negócio o da moda, com a Zattini, foi buscar profissionais na Dafiti e vendia, dentre outras marcas, Colcci, Cavalera e Diesel.

Contratou Giovanna Antonelli como garota-propaganda, preparou-se para ingressar no território de produtos para bebês, promovia a Netshoes Fun Race e caminhava, ainda que atabalhoadamente, na direção de converter-se num marketing place. Tendo como referência o Mercado Livre – que conseguia o que nem Marcio nem a maioria dos e-commerces do país conseguiu: Dar lucros! O Mercado Livre dava lucro há 41 trimestres!

O e-commerce continua um mistério. Todos têm certeza, ou imaginam que o caminho é esse, mas ninguém sabe exatamente como chegar lá, seguir adiante e prosperar. Em 2016, o e-commerce brasileiro faturou R$ 44,4 bilhões, 3% do comércio total, e 48 milhões de consumidores compraram pela primeira vez via internet. Tirando o Mercado Livre, dentre os grandes players, todos os demais, à luz de números verdadeiros, perdem dinheiro... Que é pra lá ninguém tem a menor dúvida. Mas exatamente que lá é esse, e como se chegar ao lá vivo e preservar-se vivo? Por isso que todos não tiravam os olhos do corajoso e emblemático aventureiro Marcio Kumruian e da Netshoes.

Terminava meu artigo de 2017 no Propmark dizendo, Que Allah o proteja, oriente e abençoe. Mas, completava, pelos fundamentos, Marcio caminha inexoravelmente para o fim... Infelizmente, estava certo. Marcio sucumbiu.

A Netshoes foi vendida na bacia das almas para o Luiza, ou, Magalu. Um ótimo lugar para quem bateu no fundo do poço e precisa de compreensão, sensibilidade, entendimento, lucidez. A curta história do digital Brasil, por enquanto, tem poucos heróis e referências de sucesso. Mas duas centenas de lições e ensinamentos de promissores negócios que tombaram em combate.

Sonhos, vontade, garra, determinação, comprometimento, energia, são pressupostos necessários, mas não suficientes. Sem o reconhecimento, aprovação, aplauso, compra, uso, repetição de compra, mais aplausos, mais usos, mas repetições de compras, clientes, não se tem um negócio. Apenas mais um "case" espetacular de lições e aprendizados do que nem ser, nem fazer. Se é verdade que se aprende muito mais com os erros do que com os acertos – e é –, a Netshoes será lembrada e se fará presente e ainda por muitos anos, nos principais cursos de administração e publicações de negócios. Um dos maiores fracassos do digital brasileiro, ao lado do Banco Um, do Amelia, do Patagon, e outros mais.

Hambúrguer Vegetal? Esqueçam Essa Bobagem...

Qual é a oportunidade?

Tentar atrair os devoradores de hambúrgueres carnívoros para os hambúrgueres de vegetais com cara, jeito, cheiro, gosto, chiado de carne, ou, criar um similar ao hambúrguer, com uma nova denominação, com sabor próprio e específico, com um tipo adequado ao novo produto, e talvez mesmo com formato exclusivo, para recompensar, valorizar e gratificar os que não gostam de carne?

E, como fazer esse produto, atrair gradativamente os devoradores de hambúrgueres de carne? Não como substituição, mas como uma irresistível alternativa? E que quem sabe, mais adiante, até acabe remetendo para uma eventual substituição? Sintetizando, tentar atrair os carnívoros com uma mentira tem perspectivas? Muito próximo de zero. Por enquanto todos, sem exceção, estão trilhando o caminho errado.

A primeira das redes que lançou o hambúrguer vegano foi a Lanchonete da Cidade. No mês de maio de 2019, o Futuro Burger, tendo como base proteína de ervilha e soja. Por R$ 29, e no primeiro mês no total das 5 lojas da rede vendeu 10 mil sanduíches, de um total de 50 mil incluindo os de carne, ou seja, 20%. Mas, um número que deve ser descartado pela Síndrome da Experimentação. Pessoas com interesse despertado pela novidade, e que não necessariamente realizarão a troca. E a maior parte dessas pessoas, os que já não comiam hambúrgueres de carne.

O Burger King lançou o Impossible Whopper em setembro, e em 58 lojas da cidade de São Paulo. Sentimento e primeira impressão. Não vai substituir o hambúrguer. Nem mesmo conseguirá convencer 5% dos comedores de hambúrgueres de carne a migrarem para o de ervilha e soja. A menos aqueles que os médicos, por razões de saúde, assim determinem. Repito, adotaram a estratégia errada. O caminho era outro. Não o das afrontas e enfrentamentos, mas o de oferecer uma alternativa.

Concordo com um dos mais respeitados jornalistas brasileiros de gastronomia, J. A. Dias Lopes, que em comentário na Veja, e depois da degustação, apenas lembra: "Não há milagres na natureza, vegetal é vegetal"; E dentre outras considerações, afirma, de forma sensível, respeitosa e matadora: "Para quem gosta de comer carne, os hambúrgueres vegetais que pretendem imitar a textura e o sabor dos que são preparados tradicionalmente decepcionam. Têm a consistência pastosa demais e lhes falta a granulação natural decorrente da fibra animal. Carecem também da umidade e do suco da carne. Além disso, por mais que camuflem, ainda permanecem com o paladar da leguminosa predominante em seu preparo, soja, grãos de bico ou ervilha...". E faz a pergunta certa e definitiva: "Mas os hambúrgueres vegetais sabor carne não se destinam a quem quer evitá-la? Por que então apresentar textura e sabor similares aos da carne?".

Nota 10 com louvor! E, na sequência, Dias Lopes, respeitada a educação e bons modos, faz questionamentos constrangedores, muito especialmente para a galera das comidas vegetarianas e naturais. Diz: "A soja, o grão-de-bico, a ervilha, ou qualquer outra leguminosa recebem diversos tratamentos para que a textura do hambúrguer vegetal se assemelhe a da carne e passam por outros procedimentos destinados a obter um sabor parecido. Para que esses resultados sejam alcançados faz-se necessário a intervenção científica, não natural. O espessante utilizado, por exemplo, costuma ser a metilcelulose, um composto químico derivado da celulose...".

E fez-se o silêncio... Assim, concluo com meu sentimento final no que diz respeito às perspectivas desse business, não obstante as centenas de milhões de investimentos que vêm sendo realizados em meia dúzia de projetos em todo o mundo. As possibilidades de sucesso dos hambúrgueres vegetais são rigorosamente iguais a dos patinetes elétricos. Nenhuma. Em 5 anos ninguém mais falará das duas bobagens.

Papai Noel Nasceu na Lapônia, ou, em Gramado?

Já que os shoppings estavam rebaixando Papai Noel e colocando em cantos escondidos de corredores perdidos, já que muitas famílias decidiram dar fim a essa bobagem e ir dizendo às suas crianças que Papai Noel não existe e que esse negócio de Natal é uma perda de tempo. Já que o comércio decidiu furar o Natal privilegiando a tal da Black Friday, e mais recentemente considera colocar uma grana no 11/11, dia do Solteiro...

A cidade de Gramado, Rio Grande do Sul, humildemente, ofereceu-se para abrigar o Natal. Dar uma casa para Papai Noel, e acolher com carinho e respeito às renas e todos os visitantes que ainda continuam acreditando e comemorando o 25 de dezembro. Conclusão, a pequena cidade da serra gaúcha, que no passado era conhecida exclusivamente pelas hortênsias, que é habitada por menos de 40 mil brasileiros do sul, hoje é uma das capitais brasileiras do turismo. Recebe anualmente 6 milhões de turistas – mais que a cidade de São Paulo –, e quase 100% de sua economia vive do turismo.

Em termos relativos, população versus número de turistas que recebe por ano, turistas per capta, 160! 160 turistas para cada um habitante. Um "case" mundial! Em síntese, Gramado fez o que o Brasil vem deixando de fazer há 519 anos.

Como todos diziam que era impossível, e seguindo os conselhos de Milton Berle, foi lá e fez! Ou o de Jean Cocteau, "como a oportunidade não bateu, construiu uma porta, uma mega porta, um portal!". E aí, e a partir do Natal, das Hortênsias, e para distribuir melhor o fluxo de turistas, foi criando um calendário de atrações, onde ainda pontifica o Natal, mas que começa em fevereiro com o Gramado in Concert, com a Festa da Páscoa em Abril, com a Festa da Colônia em maio, Festival de Cinema em Agosto, Cultura e Gastronomia em Setembro, e desde o dia 24 de outubro, todo dia é Natal em Gramado.

E aí vem a pergunta, como foi possível? Como conseguiram? Simples, planejando e fazendo. Posicionando a cidade, e, dando vida, no correr dos anos, a esse posicionamento. A tal da autenticidade. É e fez, o que disse que era e, pretendia fazer. Gramado, converte-se assim, na melhor referência em nosso país, de que planejando e fazendo consegue-se. Que plantando, plantando com competência, fé e amor, dá. Excede, Sobra, Vaza...

Não é que dá certo?! Não é que funciona?! Marketing. Planejamento mais execução! 10!

Não obstante todos os contratempos da Corona Crise, o Natal de Gramado não será cancelado, nem antecipado, nem qualquer outro ato de recuo ou covardia. Mais que todos os Natais anteriores será um momento espetacular de resgatarmos e celebrarmos a vida. Esse é o espírito do Natal. De uma cidade que hoje coloca em dúvida, e perante o mundo, se Papai Noel nasceu mesmo na Lapônia. Ou, quem sabe, em Gramado!

Pode ser que as demais e mais de 5.000 cidades do Brasil não saibam trabalhar o turismo. Mas, Gramado definitivamente sabe. E se faltava uma referência para as demais 5.000 e para o Brasil, agora não falta mais.

WeWork

Há quase três anos tudo era festa. Uma importante reunião aconteceria. Todos a espera do MIDAS das startups, Masayoshi Son, o Masa, o todo poderoso e maior investidor das empresas da nova economia, comandante do Softbank.

Masa está atrasado. Adam Neumann, não consegue parar num mesmo lugar, numa ansiedade desproporcional e fora do comum. Sempre provocou suspeitas. Não tira os olhos do relógio, e vez por outra da umas porradas no pushing ball – saco de pancadas – da decoração do WeWork. Ao lado de uma bicicleta ergométrica e de um bar mega abastecido.

Masa prometera a Neumann duas horas de seu tempo. Tinha passagem marcada. Neumann, ex-oficial da marinha israelense quase vai a loucura. O clima é tenso. Masa chega com uma hora e meia de atraso. Tinha meia hora para conversar e conhecer o WeWork. "Pior ainda, conta Neumann, Masa chega, olha no relógio, e, diz, "sinto muito, só tenho 12 minutos".

Uma volta rápida pelo WeWork e Masa convida Neumann para acompanhá-lo até o aeroporto e assim poderiam conversar mais. Próximo do aeroporto Masa pega um iPad, esboça uma proposta. Assina a proposta e dá para Neumann assinar. Dias depois o Softbank deposita US$ 3 bilhões nos cofres da WeWork. Nunca mais se ouvirá uma história tão estapafúrdia, maluca, irresponsável e inconsequente como essa.

Em verdade, 20 anos antes Masa era um dos mais importantes investidores da internet. Quando a bolha estourou em questão de meses perdeu mais de US$ 70 milhões em participações em 5 centenas de sites que naufragaram. Hoje possui participações em dezenas de empresas, com um grande acerto: Alibaba, e negócios de elevadíssimo risco como o Uber. Estilo parecido com um outro maluco que atira em todas as direções, de cada 5 negócios acerta em 3 e erra em dois, tudo com um mesmo naming, VIRGIN, e enquanto essa proporção prevalecer, ele, Richard Branson permanecerá vivo e em pé.

Meses atrás estava prevista a abertura do capital do WeWork. Conscientes do mega fracasso que seria seus principais investidores, muito especialmente Masa, abortaram a operação. Mais que isso. Ninguém mais aceitava Neumann no comando. Poucas semanas antes do Covid-19 Neumann foi defenestrado do comando. Levou para casa um bônus de US$ 1,7 bi. Encostado na parede, renunciou passando o comando para o CFO Artie Minson.

Neumann, simplesmente insuportável. Na opinião da maioria dos acionistas, muito especialmente do maior deles, Masa e seu Softbank, uma pessoa emocionalmente desequilibrada, dependente de drogas, e péssimo líder. Simplesmente caótico. A quem Masa confiou depois de uma reunião de 10 minutos e a caminho do aeroporto 3 bilhões de dólares.

Em comunicado a imprensa e aos acionistas, Neumann despediu-se da direção executiva da empresa afirmando, "Embora nosso negócio nunca estivesse tão robusto, os questionamentos direcionados a minha pessoa nas últimas semanas passam a tomar muito do meu tempo e assim decidi que é melhor para os interesses da companhia que eu renuncie...".

As megaempresas e exemplos de sucessos espetaculares da chamada NOVA ECONOMIA, todas, neste momento, enfrentam a hora da verdade. Se tem consistência e sustentabilidade, ou se não passam de balões de ar inflados por multidões de investidores gananciosos, e gestores de fundos desequilibrados.

Três das mais incensadas dentre essas empresas, neste momento, com uma grande espada sobre suas cabeças. Uber, Airbnb e We-Work. Odorico Paraguaçu em Sucupira construiu um cemitério e rezava para morrer alguém para inaugurar o cemitério.

O cemitério dos unicórnios ficou pronto no final do ano passado. Sua inauguração, com uma primeira cerimônia fúnebre não passa do final deste 2021. O WeWork é um forte candidato a inaugurar o cemitério dos unicórnios. Os fundamentos da economia continuam em pé, e mais que nunca válidos. Não se tratam de fundamentos da velha ou da nova. Fundamentos da economia valores definitivos e consagrados, para sempre.

Where is the Beef? Dá resultado? Para em pé? É sustentável no médio e longo prazo? Se a resposta for negativa a apenas uma dessas questões, esquece. Não é uma empresa de verdade. Apenas um espasmo barulhento e irrelevante. Mas que provoca rombos descomunais e definitivos nas carteiras de investidores e de fundos de investimentos.

CAPÍTULO 4

Branding

DANIEL BARENBOIM, maestro e pianista espetacular, não brinca em serviço. Abomina futilidades, frescuras, mimimis, diletantismos. Não brinca com sua marca. Assim como uma NIKE protege-se com escudo da reputação construída.

Independentemente da pandemia o mundo é LIVE. E se LIVE, carece de abraços apertados, sorrisos dobrados, beijinhos doces e amor sem fim. Enquanto o BAF – Branding Atrocities Festival cresce e, lamentavelmente, prospera.

A centenária Coca-Cola segue ensinando branding a todos, enquanto SARAH deveria permanecer o tempo todo com a boca fechada só abrir para cantar...

Nessas alturas quase ninguém mais se lembra que a VOLVO originalmente sueca, virou americana e hoje é chinesa. Sua marca de qualidade transcende nacionalidades.

E o trio elétrico dos bilionários brasileiros segue destruindo marcas pelo caminho. A história mais que emblemática e referencial da MANCHINHA. E a lição definitiva e emocionante do empresário PAULO ZOTTOLO.

Daniel Barenboim

Estudei teatro na Escola de Arte Dramática. Entrei na São Francisco e na EAD, no mesmo ano, 1962. Durante todo o primeiro ano consegui fazer as duas escolas, trabalhando no período da tarde – direito de manhã, teatro à noite – e no segundo ano, e não conseguindo mais organizar os horários, deixei o teatro.

Mas estudei o suficiente para levar um mais que merecido pito de um dos professores. A insuportável, como pessoa, e brilhante, como atriz e professora, Maria José de Carvalho. Dava aula de impostação de voz. Nos tempos em que os recursos de som nos teatros eram precários e ou se colocava a voz de forma correta ou se colocava a voz de forma correta.

Um dia, sem a menor necessidade, sem ter o que fazer e na busca de um brilhareco ridículo, fiz uma pergunta estúpida. Perguntei se o excesso de impostação não poderia prejudicar o coração. Fez-se o silêncio. Durante segundos todas as atenções concentradas no olhar de Maria José de Carvalho que incandescia.

Maria José emudeceu, verteu fogo pelos olhos, narinas e orelhas, e falou, pausadamente, "não me encha o saco". Foi o "não me encha o saco" mais "não me encha o saco" que já ouvi até hoje. Todas as pessoas na vizinhança, ali perto da estação da luz onde era a EAD, ouviram...

"Saia da sala imediatamente, e volte daqui a cinco minutos. Se você quiser mesmo ser ator não venha me falar de prejuízos e danos físicos. Toda profissão tem seus desafios e dificuldades. Portanto, pense nesses cinco minutos se quer mesmo ser ator, se quer continuar o curso. Se sim, volte para a classe, e jamais repita tamanha manifestação de preguiça e ócio. Tudo, absolutamente tudo, pode, potencialmente, fazer bem, e fazer mal. A escolha é de cada um de nós... Fora! o que está esperando...".

Nos jornais de semana atrás músicos reclamando do espetacular pianista e maestro argentino Daniel Barenboim. Que é duro, pega pesado, assusta. E, no entendimento deles, faz bullying.

Foi acusado de humilhar alguns dos músicos da orquestra na Staatsoper – onde é diretor musical – principal casa de concertos e óperas de Berlin, Alemanha. Barenboim respondeu como Maria José de Carvalho fez, mais que merecidamente, comigo.

A "Nasci na Argentina, então há um pouco de sangue latino no meu corpo e fico aborrecido de vez em quando... Praticar o bullying é humilhar alguém e implica a intenção de querer causar mal a alguém, de até mesmo ter prazer nisso. Isso não faz parte de meu caráter...".

B "Uma orquestra não pode funcionar o tempo todo se sua dinâmica for colocada em votação democrática. Alguém tem de liderar, tomar decisões e ser o responsável final".

Ou seja, disse o que a Maria José coberta de razões me disse, talvez e apenas de uma forma mais serena, comedida e educada. Disse, "não me encham o saco". Mais ou menos o que meu adorado mestre e mentor Peter Drucker, sempre recomendou: "Se um navio começa a afundar o comandante não convoca uma reunião: DECIDE!" Faça o mesmo com suas escolhas. Pense muito antes, e, uma vez definida a direção, não perca tempo com eventuais possibilidades de não dar certo. Muito menos com frescuras, mimimis, diletantismos...

Tempo, energia e todos os demais recursos são sempre insuficientes para você permitir que vazem por alimentar tragédias, fracassos, e dar atenção aos fracos e preguiçosos. Uma vez o Boni, membro da Academia Brasileira de Marketing, me disse, "Madia, jamais faço check-ups... Quem procura acha". Assim, e sempre, repito, fuja e abomine futilidades, diletantismos, frescuras e, especialmente, perda de tempo.

Ganhamos 40 anos de vida nos últimos 100 anos, e vamos ganhar muito mais nos próximos 100. Mas, e mesmo assim, in-

90 • MARKETING TRENDS 2021

suficientes para a missão que nos foi confiada. Só pensamentos positivos; sempre! Claro, se pretendemos em algum momento convertermo-nos em uma marca de qualidade...

Branding ou Seguro de Vida

Alguns trabalhos de branding são realizados com tanta competência, esmero e qualidade que acabam por proteger, blindar mesmo – algumas e poucas marcas – para quase todos os acidentes de percurso.

Só um acidente de brutal gravidade faz a marca tremer. Tremer sim, morrer, jamais! Mas, para todos os demais acidentes do cotidiano, que mais cedo ou mais tarde acabarão por acontecer por maiores que sejam os cuidados que se tome, a marca tira de letra. Ainda que por alguns dias, no máximo uma ou duas semanas, ainda revele alguma machucadura ou inchaço. Mas, em pouco tempo tudo está superado tal é o apreço, carinho, admiração e respeito que a marca construiu no correr de sua trajetória, e junto à totalidade de seus stakeholders.

E aí, o tênis. Talvez de uma das maiores promessas do basquete americano, Zion Williamson (pronuncia-se Zaion Wilhanson), o tênis partiu-se ao meio durante o jogo entre os times universitários da Duke e North Carolina. Milhões de americanos assistiam e vibravam com o jogo quando, e de repente, aconteceu o que seria para outras marcas, acidente, mas, para aquela marca, um pequeno incidente, como se constatou dias depois. Um tênis de reconhecida qualidade jamais protagonizaria esse vexame público. Foi o que passou na cabeça dos milhões que assistiam a cena naquele momento pela TV, smartphones, tablets. Parou o jogo, e durante minutos as câmeras transmitindo para os Estados Unidos e dezenas de outros países mostravam o lamentável tênis da... isso mesmo... Nike!

No dia seguinte repercussão em todo o mundo e a foto em mais de 1000 jornais e revistas. Na hora, direto nas redes sociais. Dentre os milhões que acompanhavam a partida, ele, Barack Obama.

Em 2018, 14% do total das receitas da Nike vieram da venda dos tênis para basquetebol. Conclusão, no dia seguinte, quarta-feira, as ações da empresa caíram quase 2%, e o prejuízo estimado pela Bloomberg dado o impacto da falha no produto significou para a empresa uma perda de valor de mercado de US$ 1 bi, um tênis, US$ 1 bi.

Nos pés de qualquer Zé Mané, nós, andando pelas ruas, "who cares"? Poderíamos até nos ralar e quebrar a perna e nada. Nos pés de uma das maiores promessas do basket universitário americano, com milhões de pessoas assistindo e testemunhando e repercutindo o vexame, em tese, prejuízo brutal e definitivo. Fosse outra marca qualquer, em estágio de lançamento, teria sido abatida inexoravelmente na decolagem.

Marca respeitada e consagrada que é, sinônimo de tênis mais que qualquer outra marca, o desconforto durou um final de semana. Na semana seguinte as ações recuperaram o prejuízo e voltaram a subir. Branding é seguro de vida, também. Esse não é o objetivo, mas decorrência natural de trabalhos de excepcional qualidade. Como o que o treinador Bill Bowerman, e seu discípulo amador preferido, Phil Knight, começaram a correr atrás e construir na Universidade de Oregon, no dia 25 de janeiro de 1964. E nunca mais pararam. Just Did It.

Em tempo, a primeira vez que falei da importância da marca, como profissional, foi numa reunião de diretoria do Itaú em 1971. Fui expulso da sala. Um dos diretores me disse, "Madia, você com sua mania de marketing e branding. Vamos falar de coisa séria e parar de perder tempo com essa bobagem". 20 anos depois fomos contratados pelo Bradesco para orientarmos no planejamento e construção de uma nova marca pelo trabalho realizado no Itaú. Supostamente, e pelas empresas que se dizem especialistas em precificar marcas, as duas marcas de maior valor do Brasil.

Marca; ou você tem, ou você não é!

Beijinho Doce, Abraço Apertado, Amor Sem Fim...

Tempos de Covid19, no mínimo dois metros de distância. Não! Nem tente! Sem exceção. E se tentar abraçar eu grito, chamo a polícia, denuncio. Ainda bem que o Zé Alves de Moura, o Beijoqueiro, não viveu pra ver.

Sou do tempo do Gonzaguinha. "se me der um beijo eu gosto... diga lá, meu coração, da alegria de rever essa menina, e abraçá-la e beijá-la..." ou, "me dê um abraço, venha me apertar tô chegando".

O distanciamento começou com o microchip e sintetizou-se no canivete suíço da digisfera. O smartphone. Nunca estivemos tão pertos. Nunca tão distantes. E assim fomos desumanizando... A cada novo dia as pessoas falam menos e escrevem mais. Nada de longos textos. Com a síndrome do Twitter, a prática do Whatsapp, e a precariedade do vocabulário, vamos nos convertendo num mundo e país onde as pessoas falam menos, e escrevem, pouco, e mal. Nesse ritmo voltaremos aos tempos dos grunhidos. Brevemente. RuhUAHAUWDHID...!

Meses atrás a Telefônica divulgou seus números do terceiro trimestre de 2019. E pela primeira vez, a dona da Vivo constatou que o previsto confirmou-se e, assim, as receitas de banda larga ultrapassaram as receitas de voz, que durante décadas foram absolutas. No segundo trimestre de 2019, abril a junho 2019, as receitas de voz totalizaram R$ 1,37 bi, e as de banda larga R$ 1,39 bi.

Portanto, e nos últimos anos, fomos nos esquecendo dos telefones fixos, optando pelos celulares, através dos quais e além de mensagens passamos a anexar fotos e vídeos. Chegamos lá, amigos!

Nunca estivemos tão próximos das pessoas que amamos, nunca conversamos tanto, mas, e cada vez mais, distantes. Não podemos tocá-las. E o contato físico, é a essência da vida. A cada dia que passa valorizamos infinitamente mais os raros encontros que circunstancialmente temos com essas mesmas pessoas tão próximas embora distantes. E pra piorar, e agora, o Covid-19...

Assim, não é por outra razão que o chamado Live Marketing assumiu por completo a liderança das ações de branding de maiores retornos e sucessos. É o clímax, de onde decorrem todas as demais formas de comunicação pelas infinitas e diferentes plataformas.

Nada, absolutamente nada, substitui o prazer de um encontro, de um abraço, aperto de mão, olhos nos olhos brilhando, e todo o amor que só um sorriso sincero, franco e espontâneo é capaz de transmitir.

John Keats, coberto de razões, "A Thing Of Beauty Is A Joy Forever"... de preferência Live, Claro, Sempre Live... Mas se vocês preferirem alguma manifestação mais nossa e natural recorro à composição legendária de Nhô Pai, cantada por praticamente todos os principais e melhores cantores de nosso país. De Tonico e Tinoco, passando pelas Irmãs Galvão, Ivete Sangalo, gravada pela primeira vez em 1945, pelas Irmãs Castro... Lembram...

Um beijinho doce, Que você me trouxe, De longe pra mim... Um abraço apertado, Um suspiro dobrado, Que amor sem fim...

Ótima leitura, e, mesmo a distância, beijinhos doces e abraços apertados em todos vocês.

Xô, Covid!... 19, 20, 21, 22...

O Baf – Branding Atrocities Festival – Prossegue

Primeiro cometeram a barbaridade de rebatizar a legendária, histórica e monumental Beneficência Portuguesa de BP. Simplesmente tosco, medíocre, criminoso. Ninguém chama, felizmente, Graças a Deus, a adorada e essencial Beneficência de BP. Depois rebatizaram a legendária, histórica e monumental Bovespa de B3. Simplesmente tosco, medíocre, criminoso, pornográfico. Ninguém chama, felizmente, Graças a Deus, a relevante e fundamental Bovespa de B3.

Mais adiante rebatizaram a maior dentre todas as escolas do marketing, a Procter & Gamble, de PG. Com exceção dos profissionais que trabalham na empresa e se sentem obrigados. Todas as demais pessoas continuam chamando a Procter de Procter, felizmente.

No início deste ano, uma marca de quase 50 anos, e que leva o nome de seus fundadores Júlio e do ex-ministro da fazenda, Mario, a Bozano, de Julio Bozano e Simonsen, de Mario Henrique Simonsen decidiu-se rebatizar-se e, supostamente, atualizar-se. Agora, a Bozano Investimentos rebatizou-se para Crescera. Poucas vezes em minha vida vi uma instituição que engrandece-se e brilha por ter uma marca afirmativa, conseguir a proeza de plantar dúvidas e insegurança na cabeça de seus já clientes, e inibição total em relação a novos e impossíveis clientes. Crescera?

Meses atrás, mais um crime hediondo e inafiançável. Rebatizaram a legendária, histórica e monumental Melhoramentos de Softys. Socorro! Prendam e amarrem os irresponsáveis. Tão tosco, medíocre, criminoso, pornográfico e escatológico como o que fizeram com A Beneficência, Bovespa, Procter & Gamble, Bozano Simonsen e outras empresas mais. E não satisfeitos, ainda fizeram questão de detonar de vez.

Escolheram um arremedo e insignificância de Positioning Statement: Atenção! Softys, inovando para o seu cuidado Whatttt!!!!!!!!!!??????

Além de não dizer absolutamente nada, a construção é, simplesmente, absurda... Inovando para o seu cuidado...??? Dá vontade de perguntar, Crescera? PG, ou agora é Softys, B3?

O BAF – Festival de atrocidades em branding prossegue de forma galopante. Tudo leva a crer tratar-se de contaminação generalizada.

Nelson Rodrigues, mais que coberto de razões: INVEJO A BURRICE PORQUE É ETERNA ou O GRANDE ACONTECIMENTEO DO SÉCULO FOI A ASCENSÃO ESPANTOSA E FULMINANTE DO IDIOTA.

Ou, ainda, "OS IDIOTAS VÃO TOMAR CONTA DO MUNDO: NÃO PELA CAPACIDADE, MAS PELA QUANTIDADE. ELES SÃO MUITOS...".

Coca-Cola Movimenta-se...

Ou lição magistral de como antecipar-se a tempo e com competência ao inevitável.

Durante os últimos 30 anos a Coca-Cola, mais que consciente que alcançara seu apogeu no início dos anos 1970 – se quiserem uma referência ou data, recomendo o Festival de Woodstok – o topo de seu reinado – deu início a sua movimentação no tocante a seu mix de produtos.

Durante seus primeiros 70 anos, e quando a Coca sensivelmente se perguntava o que as pessoas compravam quando pediam uma Coke, ouvia, como resposta: os serviços do prazer, de um sabor único, de uma solução lúdica e borbulhante, a inserção na vida e em companhia de pessoas e em todo o mundo, "The real thing", e muitos e outros serviços.

Indisfarçavelmente presentes e ostensivos na garrafinha Contour, ou nas latas vermelhas que procuravam emular seus significados e propósito. Mais adiante, e com a mudança natural do comportamento das pessoas, com a busca pelos produtos naturais, a Coca passou a ouvir nas respostas que a velha e boa Coke nem sempre era a primeira, ou melhor, alternativa, e que os sucos naturais de frutas, e a própria água eram os novos caminhos e preferências.

E nos 30 anos seguintes comprou duas centenas de empresas de sucos, água, chás, e outras formas de bebidas e de se matar a sede nos diferentes países do mundo. Portanto, e salvo surpresa ou movimentos bruscos, inusitados e relevantes dos demais concorrentes, fez um hedge consistente em relação ao futuro, garantindo praticamente outros 100 anos de liderança no território da sede, dos líquidos, das bebidas sem contra indicação.

Agora, e olhando mais adiante, faz um novo, radical, vigoroso e, igualmente, consistente movimento. Uma nova aposta. Um novo hedging. Enquanto acompanha e participa da possível migração da preparação de sucos, refrigerantes e outras bebidas, nas próprias casas dos consumidores, através de máquinas e sachês, e como acontece em muitos bares, restaurantes e lanchonetes, e para não correr riscos maiores, decidiu entrar no varejo de bebidas alimentação.

Por US$ 5 bilhões a The Coca-Cola Company comprou a gigantesca rede de cafeterias COSTA, que pertencia ao grupo britânico Whitbread, com 2,4 mil pontos de vendas apenas no Reino Unido, e 1,4 mil em 30 outros países.

Fundada no ano de 1971, a COSTA é a grande concorrente do Starbucks no Reino Unido. Começou independente, e em 1995 foi comprada quando tinha apenas 39 lojas.

Declaração oficial da The Coca-Cola Company explicando o negócio para a imprensa: "Uma oportunidade para a empresa ingressar no território das bebidas quentes, e que não fazem parte do atual portfólio da empresa...".

Mais ou menos... No Brasil, por exemplo, e apenas com o Matte Leão, isso já acontece há alguns anos. De verdade, e, portanto, nesse mega e espetacular movimento estratégico, a Coca se posiciona de uma maneira mais radical e definitiva na distribuição, enquanto aguarda pelas máquinas penetrarem na casa das pessoas, e se diz qualificada para atender todos os seus já clientes e também os não clientes com bebidas ultra gelada, de um lado, e, também, quase fervendo, do outro.

Assim, fez mais que um hedge, em relação ao futuro. Construiu um imenso cercado blindando-se dos eventuais ataques da concorrência. É a forma de atuar das empresas verdadeiramente líderes.

Sarah Brightman Branding

Meu saudoso e falecido pai, Carlos Araújo Souza, tinha por hábito, quando gostava muito da voz de um cantor ou cantora, mas achava que a voz era muito melhor e não combinava com a pessoa, de girar o botão – naqueles tempos era girar o botão – e escurecer a tela. Só se ouvia a voz. A televisão, pelo tempo da duração da música, virava rádio.

De certa forma, e muitas vezes, temos semelhante vontade em relação às pessoas que deveriam sempre, restringirem-se e aterem-se a sua arte, e privar seus admiradores de arrepios e constrangimentos dentro de suas manifestações.

Pessoas que não conseguem manter a boca fechada e restringirem-se seus ofícios, onde dominam e agradam. Mas, e no que começam a se manifestar, dar opinião, criticar, Socorro!

No ano de 2019, Sarah Brightman, Ótima Cantora, Pavoa Monumental, veio ao Brasil no mês de novembro, e pela primeira vez, Sarah fez concertos pelo país.

Duas semanas antes apareceu bela e formosa nas páginas de *Veja* e entrevistada por Sérgio Martins. Por coincidência no mesmo dia em que o mundo perdia uma de suas maiores e mais espetaculares sopranos, Montserrat Caballé. Que só se tornou conhecida por bilhões de pessoas em todo o mundo depois do dueto que fez com Fred Mercury.

Ao falar aos brasileiros e a revista Veja, Sarah, repito, ótima cantora, não conseguiu dissimular seu DNA de pavoa. Dentre outros – "Tenho curiosidade de ver cada montagem do Fantasma da Ópera para ver como cada intérprete se sai no papel que consagrei..."; — "Sou uma combinação de vários gêneros e posso dizer que já brilhei em todos..."; — "Meu dueto com Andrea Bocelli em Com Te Partirò, de 1997, ajudou a popularizar a música clássica mais que as incursões pop de Luciano Pavarotti...".

E, ao encerrar a entrevista, bateu asas e voou...

Quase um voo de galinha, mesmo porque curto, também, mas e ainda, um voo de pavoa. Nenhuma surpresa, pavões e pavoas comportam-se dessa maneira. Viverão para sempre com duas marcas. A marca do talento e da qualidade e do prazer que nos garantem quando, no caso de muitos cantores, abrem a boca para cantar.

E a marca da chatice, do insuportável, do intragável, da ignorância, do constrangimento, quando abrem a mesma boca... para falar. Como disse certa vez o rei da Espanha para o ditador Chávez, "por qué no te callas...". E que agora digo para Sarah, "por qué no cantas, apenas cantas". Ou, e como diz o ditado, "a segunda melhor coisa a se fazer com a boca é sorrir. A primeira continua sendo mantê-la fechada".

Volvo Saved My Life...

Não sei se vocês se lembram. Volvo era carro de velho, caindo pelas tabelas, e a empresa estava prestes a fechar suas portas. Ninguém mais queria comprar o Volvo.

Numa dessas reuniões de despedida, vira-se o presidente da empresa na Suécia, e pergunta para os diretores presentes: "Amigos, esgotamos todas as possibilidades, não temos mais caixa, não temos como nos capitalizar, e nossos modelos estão literalmente velhos, alguém tem alguma ideia antes de apagarmos a luz...". Fez-se o silêncio. Cinco minutos e nada. E, de repente, levanta-se o PR da empresa e diz, lembrei-me de umas cartas que temos recebido de forma recorrente de nossos clientes, gostaria de compartilhar com vocês...

Trouxe as cartas, espalhou pela mesa, e todos começaram a examinar. E constataram que o conteúdo de todas era semelhante. Contavam um acidente daqueles que tiveram a bordo de um Volvo, em grande velocidade, arrebentando o carro, mas, finalizando com a frase, Volvo Saved My Life...

Virou positioning statement, virou campanha, converteu-se no Volvo Saved My Life Club, a empresa voltou a ficar poderosa, lançou novos modelos, e anos depois foi vendida para a Ford e hoje, como imagino ser do conhecimento de vocês, a Volvo é Chinesa. Isso mesmo, mantém a sede em Torslanda, Gothenburg, Suécia, mas é uma subsidiária da empresa de automóveis chinesa Geely. Portanto, e agora, Volvo is Made in Sweden by Geely China...

Meses atrás, o vice-presidente para as Américas, e CEO Volvo Car Usa, Anders Gustafsson, veio visitar o Brasil e falar sobre novidades. A mesma Volvo que iniciou suas atividades no ano de 1927, fundada pelo engenheiro Gustav Larson e pelo economista Assar Gabrielsson, que tem esse nome porque em latim Volvo significa Eu Rodo, Eu Guio, que foi vendida em 1999, para a Ford, em 28 de março de 2010, vendida pela Ford a Geely China (US$ 1,8 BI), está agora anunciando por seu VP Gustafsson que até 2025, 50% dos carros Volvos serão movidos a eletricidade...

Segundo ele, "nossos carros serão mais seguros e mais inteligentes. Estamos assumindo publicamente o compromisso que a partir de 2020, e dentro de nossa política de segurança, e inicialmente, na Suécia nunca mais qualquer pessoa vai morrer ou ficar gravemente ferido por acidente de automóvel... Para isso criamos sensores, câmeras, aperfeiçoamos nossos sistemas de direção assistida ajudando o motorista a prevenir acidentes...".

Também a Volvo está se preparando para a nova relação das pessoas com os automóveis:

"O que vemos hoje em vários países da Europa, nos Estados Unidos e no Canadá é uma cultura crescente de pagamento pelo uso. Carro por subscrição. Amanhã não compraremos mais carros, faremos assinaturas de carros, como se fossem revistas... Você faz uma subscrição por um ano, e no ano seguinte e se quiser, cancela, renova, ou troca de modelo. Agora, e além de segurança. Nosso Statement, diz dele, também é, Liberdade para se Mover...".

Sob a gestão e propriedade chinesa a Volvo vem conseguindo superar sucessivos desafios. O primeiro e maior de todos, o de ter trocado de mãos – de suecos para americanos para chineses. E as pessoas continuam olhando e vendo no Volvo o Volvo! Não afetou em nada. Como resultado, e nos quatro últimos anos a empresa vem quebrando recorde de vendas. Inclusive no Brasil.

Hoje, no território dos Carros Premium e por aqui, tirou a 4ª colocação da Land Rover, e aparece logo atrás da Mercedes, Audi e BMW.

Ketchup Heinz

Desde 14 de fevereiro de 2013, caiu nas garras do trio elétrico e hoje é um farrapo do que foi durante décadas. Se de alguma coisa os 3 mosqueteiros – Jorge, Beto e Marcel – podem se orgulhar é que conseguiram injetar doses substanciais de sua cultura tóxica numa das mais emblemáticas empresas de alimentos: a Heinz, hoje, Kraft Heinz.

Uma empresa fundada em 1869, por Henry John Heinz, filho de emigrantes alemães, que nasceu em Pittsburgh no dia 11 de outubro de 1844. Sua mãe preparava conservas na cozinha da casa, e ele, 12 anos de idade, vendia na vizinhança. Com 25 anos, e em sociedade com Clarence Noble, funda a Heinz & Noble que inventa um produto batizado de Ketchup em 1876. E consegue converter sua inestimável contribuição num dos produtos ícones do século retrasado, e que decola prevalece em todo o mundo, ao lado da Coca-Cola, Zippo, Levi´s, Avon, Sears.

Um dia recordo para vocês a história e a narrativa dessa fantástica empresa, claro, até a chegada dos 3 mosqueteiros... E assim, e como é da cultura e hábito dos 3, desandaram a... Cortar custos, mutilar, destruir, até o limite do aleijão, e mandar as favas os bons modos, costumes, narrativas.

No último Super Bowl, exemplo recente, a Kraft Heinz anunciou sua marca Devour de alimentos congelados, como se fosse um site pornográfico. Por meros US$ 10 milhões por 60 segundos, e em comercial, um jovem fazia posts, obcecado e magnetizado por imagens on-line de um Macarrão com Queijo pegando fogo de tão quente, e a um milímetro de pornográfico pela sensação que passava. E para que não ficasse a menor dúvida em quem quer que fosse, a Kraft Heinz comprou espaços em sites pornográficos e lá veiculou o mesmo comercial.

No momento do mundo em que as pessoas pensam, refletem, discutem, ponderam, consideram, alimentos mais saudáveis e sob diferentes aspectos e componentes familiares, na busca pelo lucro a qualquer preço, a Kraft Heinz manda ver. Definitivamente, branding jamais passou pela cabeça dos 3 mosqueteiros.

O fato é que desde que se procedeu à fusão Heinz Kraft, há quatro anos, as ações da empresa despencaram 30%. E os alimentos com a marca começaram a cheirar cigarro, presente nas roupas da Kraft, filha da Philip Morris.

E Warren Buffett que caiu no conto dos 3 e confessa-se constrangido e decepcionado pela imprensa, não sabe como justificar o erro que cometeu perante os milhares de acionistas de sua Berkshire Hathaway... O negócio dos 3 é comprar e somar, comprar e somar, e nos intervalos, facão até o fundo. E assim, analistas acreditam que incapazes de performar pelas melhores práticas do marketing e do branding, e na medida em que os resultados decepcionam ano após ano, a ideia deles é voltar a fazer o que sempre fizeram. Novas compras, novas consolidações, e com isso justifica-se e torna-se possível rever metas e objetivos juntos aos investidores, e ganhar-se tempo.

Mais adiante, a conta da carnificina chega. Como todos devem se lembrar, e prevendo que não conseguiria performar, o trio tentou há 3 anos comprar a Unilever por US$ 143 bilhões. Tentativa malsucedida. Conclusão, há 3 anos as vendas não crescem. As vendas de 2018 foram inferiores as de 2015. Desde a fusão a Kraft Heinz vale hoje US$ 30 bi a menos.

Enquanto isso, e não obstante declarações recentes de Jorge Paulo dizendo que estava se sentindo um dinossauro diante da velocidade das mudanças, as práticas nas empresas do trio continuam rigorosamente as mesmas. Em matéria recente no Financial Time, Melissa Werneck, diretora de RH da Kraft Heinz chuta direto na canela: "este lugar não é para qualquer um... não fingimos ser o que não somos".

E é complementada pelo CEO da empresa, Bernardo Hees, "Trabalhamos como loucos, somos completamente obcecados por dados, temos prazer e gostamos de ficar construindo coisas grandes". Ouvindo, dava a impressão que babavam sangue... Por mais quanto tempo... Talvez o tempo suficiente para os inventores da cultura tóxica e devastadora, no longo prazo, concluírem suas trajetórias e, aposentarem-se. Tendo como legado, os maiores Brandkillers de todos os tempos.

Aracy de Almeida, fantástica sambista e mulher feia, brincava dizendo, Falem mal, mas, falem de mim. Jorge Paulo Lemann, Beto Sicupira e Marcel Telles levaram a sério.

O Mundo Cão

Incrível, mas não me recordo de qualquer pessoa ter contestado essa expressão. Deveriam. Cães são, definitivamente, animais espetaculares.

Num momento da história da humanidade onde se processa uma revisão radical de expressões coloquiais do passado diante de um vendaval do tal do politicamente correto, não sei por que alguém ainda não se rebelou com a expressão Mundo Cão.

E aí as pessoas me perguntam: "Mas se você acha tudo isso de verdade, Porque Você Não Tem Um Cão?" "Porque não sei fazer nada pela metade e muito menos meia boca. Tenho consciência que não teria a menor condição de garantir a qualquer cão o tratamento minimamente respeitoso e digno que merecem. Falta total e absoluta de tempo. Não assumo compromissos que saiba, que tenha certeza absoluta, que jamais serei capaz de cumprir".

Assim, prefiro admirar a distância e nem mesmo arriscar um carinho sob pena de cair em irresistível tentação. Mas, e como todos devem se lembrar... O Carrefour foi, merecidamente massacrado, na primeira quinzena de dezembro de 2018, pelo que acontecera na sexta feira, 28 de novembro, em sua loja de Osasco.

Um segurança de empresa contratada agrediu e matou um pequeno e indefeso cão. Tudo filmado. O cão desaparece da tela, e quando reaparece sangra. Manchinha, seu nome, passou a ser o queridinho de milhões de pessoas no Brasil, e fora, também, dada a repercussão do caso.

O jornal de Madri, *El País*, fez a melhor e maior cobertura do triste e lamentável evento. Em manchete escrevia no dia 6 de dezembro de 2018... "A brutal morte de um cachorro vira-lata em um Carrefour leva o Brasil ao divã. O animal representa uma natureza pura, sem ambiguidade. É o ideal que gostaríamos de ter para a gente. E nos faz sentir mais legais do que somos", explica a psicanalista Vera Iaconelli. E aí narra *El País*: "Os últimos dias vêm sendo de enorme comoção desde que o vídeo da brutal morte de um cachorro vira-lata branco num supermercado Carrefour de Osasco, na região metropolitana de São Paulo, viralizou nas redes sociais. O animal foi espancado e envenenado por um segurança do local no último dia 28, conforme mostram as imagens da câmera de segurança do estabelecimento, e acabou não resistindo aos ferimentos. Internautas, ativistas pelos direitos dos animais, celebridades e políticos vêm se manifestando publicamente contra o bárbaro crime, uma mobilização que fez com que cerca de 1,5 milhão de pessoas assinassem uma petição exigindo a punição do funcionário".

E completa, "Uma manifestação foi convocada para sábado". E pergunta-se: "O que está por trás de tamanha comoção? Em um país estruturalmente tão violento em que barbaridades cotidianas contra seres humanos são naturalizadas, por que as pessoas se sensibilizam dessa forma com a morte de um animal?".

O *El País* consultou a psicanalista Vera Iaconelli, doutora em psicologia pela USP e diretora do Instituto Gerar, que começou sua resposta, alertando: "Qualquer forma de crueldade contra seres vivos é injustificável e deve ser condenada em todas as instâncias. Mas parece existir certa desproporção com relação à defesa de alguns seres vivos em detrimento de outros, o que mostra que estamos com dificuldade de fazer uma reflexão sobre nossos valores".

Ela explica que o valor de uma vida humana, de um animal e até de uma planta vai mudando ao longo da história — e estamos em uma época de amplo debate sobre a crueldade dispensada aos animais, incluindo os criados para abate e os utilizados em testes de laboratório. A isso se junta, segundo o diagnóstico de Iaconelli, o fato de os seres humanos estarem num alto grau de intolerância entre si, mesmo diante de dificuldades e histórias de vida. Por outro lado, toda a piedade, comoção, identificação e empatia vêm sendo transferidas para os animais. Isso acontece, explica a psicanalista, porque os animais, especialmente os cães, possuem uma relação completamente desigual com o ser humano.

Diz a Psicanalista: "O cachorro não te critica. Você chuta o cachorro, mas o cachorro volta. As pessoas estão muito intolerantes umas com as outras e vão tendo com o cachorro uma relação de espelhamento e de conforto narcísico e psíquico. Então, para a nossa vaidade humana, o cachorro nos satisfaz mais como companheiro porque ele não é um interlocutor, não é um crítico, não me confronta comigo mesmo. É capaz de aceitar tudo", argumenta ela. É por essa relação de "subserviência absoluta" que o cachorro é o melhor amigo do homem, já que outro homem "te obriga a pensar em quem você é".

O que fez o Carrefour? O Carrefour assimilou, assumiu a culpa de não ter sido mais cuidadoso nas práticas de suas empresas contratadas, e prometeu redimir-se, penitenciar-se, e comprovar isso por uma série de iniciativas e comportamentos.

Sexta-feira, 31 de maio de 2019. Anúncios nos jornais da cidade de São Paulo. "Deixe um Pet Adotar Você" No Carrefour da Marginal Pinheiros, neste sábado, 1 de junho, evento de adoção, das 11 às 18 horas. Diz o anúncio: "Nesse dia, todas as vendas dos produtos pet dessa loja serão revertidas para o Instituto Luisa Mell". E no rodapé do anúncio, um Q.R. Code "carrefourpelosanimais – saiba mais".

Lição magistral de branding. Poderia ter se defendido, negado, atacado, mas, como fazer isso diante de um cão indefeso, sangrando e morto? Assumiu, aproveitou a lembrança na cabeça e no coração de milhões de pessoas, lembrança que não morre nunca, e comportou-se de forma digna e brilhante. À semelhança do que nos ensina o Jiu-Jitsu, reverteu, a seu favor, a descomunal força em contrário.

Segundo as autoridades em lutas marciais, "Durante a guerra de Samurais, muitas vezes, os contendores jaziam no campo de batalha e sem suas espadas". E aí, dizem, nasceu o Jiu-Jitsu. A essência é utilizar a força do oponente a seu favor... Em japonês, Jiu significa suavidade, brandura, e Jutsu, arte. A Arte da Brandura, da Delicadeza...

É assim que empresas modernas e responsáveis devem proceder, sempre! Hoje, um dos melhores exemplos e citações das palestras do MadiaMundoMarketing: "Branding, o Sentido da Vida de Produtos, Empresas e Pessoas".

Manchinha e Carrefour, Lição definitiva de Branding de excepcional qualidade. Em tempo, o Carrefour foi condenado pela justiça e depositou R$ 1 milhão em um fundo para cuidado a animais criado pelo município de Osasco, na Grande São Paulo.

A Lição Memorável de Paulo Zottolo

Ir no embalo costuma não dar certo. Mesmo na maior emoção e sempre, respirar fundo e perguntar-se: o que estou na iminência de fazer verdadeiramente procede, é relevante, faz sentido. No embalo, empresários, artistas e celebridades há 12 anos mergulharam numa roubada.

Criado pelo atual governador do estado de São Paulo, João Doria Jr, e tendo como principais articuladores o presidente da Philips do Brasil, Paulo Zottolo, o advogado Luiz Flávio Borges D´Urso, a adesão de artistas como Ivete Sangalo, Hebe Camargo, Ana Maria Braga, Regina Duarte, e importantes lideranças empresariais do país, um movimento que nasceu totalmente fora de hora, e com uma denominação que o tornava morto mesmo antes de ter nascido. Cansei!

Denominação equivocadamente sugerida por um dos mais renomados publicitários brasileiros. E nasceu no vácuo do trágico e brutal acidente com o avião da TAM. Em sua extensão dizia-se ser o Movimento Cívico pelo Direito dos Brasileiros, com o naming Cansei.

O principal ato do movimento aconteceu no dia 17 de agosto de 2007, – portanto, com mais de 13 anos completos –, reunindo aproximadamente 5 mil pessoas na Praça da Sé, para protestar contra O "Caos Aéreo", "A Corrupção", "A Falta de Segurança".

O movimento imediatamente tornou-se alvo de brincadeiras na internet e se desmoralizou. Muitos do que participaram confessam, no privado, e admitem que, e ainda com ótimas intenções, caíram numa roubadíssima. Mas, um profissional e empresário tornou-se na maior vítima dessa iniciativa precária, temerária, e acima de tudo, pessimamente planejada e pior organizada.

Trata-se daquele que presidia uma das mais importantes empresas do mundo em nosso país, a Philips, e que no final de semana de julho de 2019, quase 12 anos depois, publicou um artigo no jornal Valor, com seu depoimento e aprendizado. E, de certa forma, e ao assumir o erro, conseguiu resgatar a totalidade de sua imagem e marca que ficou perdida pelo caminho. Engrandeceu-se, magnificou-se.

Como se trata de uma das mais importantes lições desta década sobre princípios essenciais de Branding para todos nós, empresários, profissionais, pessoas, transcrevemos para vocês agora a manifestação, 12 anos depois, de Paulo Zottolo, ex-presidente da Philips, hoje consultor de empresas e palestrante radicado nos Estados Unidos.

Escreve Paulo: "O Piauí é um dos Estados que mais visitei na região Nordeste do país. Só no Parque Nacional da Serra da Capivara, estive cinco vezes. Tenho fascinação pelo sítio arqueológico ali existente e reconheço sua importância para a história do desenvolvimento da civilização humana e pelos seus registros arqueológicos que representam as imagens rupestres mais antigas do Brasil.

Em 2007, eu era CEO da Philips no Brasil. Nas férias, fui conhecer o parque de Yellowstone, nos Estados Unidos, lugar que no meu imaginário abrigava os heróis da minha infância, Zé Colmeia e Catatau. Embora o parque fosse exuberante, fiquei decepcionado porque, em vez do esperado contato com a natureza e a observação de ursos em seu habitat natural, encontrei enormes congestionamentos, que tiravam totalmente a possibilidade de ver algum animal e se sentir no meio da natureza. Além de ser um lugar caro e longe para os brasileiros.

Lembro que à época comparei desfavoravelmente Yellowstone com a Serra da Capivara – tão mais perto, mais bonita e relevante. Comentei inclusive que poucos brasileiros conhecem o parque do Piauí e que era fundamental que o turismo fosse mais promovido para que mais turistas se interessassem por conhecer o Estado, a Serra da Capivara e as peculiaridades da natureza na região. Pouco depois, no auge do movimento Cansei, do qual fui um dos criadores e que procurava mostrar o desgaste da política em grupos da sociedade civil, um comentário infeliz meu ao Valor Econômico se transformou em uma pedra no meu caminho. Eu disse: 'Não se pode pensar que o país é um Piauí, no sentido de que tanto faz quanto tanto fez. Se o Piauí deixar de existir, ninguém vai ficar chateado'.

Foi necessário deixar o tempo passar para se fazer uma avaliação crítica e isenta do episódio. Reconheci logo em seguida a insensatez do comentário, pois, levado pelo calor de entrevista, não considerei que poderia estar ferindo os piauienses. A minha frase com relação ao Estado do Piauí foi uma demonstração de insensibilidade, mas a lição foi aprendida – a palavra tem força e deve ser usada responsavelmente.

Passei uma imagem que não condizia com o que penso e paguei caro por esse ato imprudente. Fui considerado "persona non grata" no Estado, tive que assistir a produtos da Philips sendo destruídos em praça pública em Teresina, minha família foi ameaçada e tive que dar explicações duras à matriz, na Holanda, que no fim das contas me deu seu apoio, e isso, tenho certeza, deve-se aos resultados positivos que a empresa no Brasil vinha entregando. O pior de tudo foi ter sido considerado publicamente uma pessoa preconceituosa, e isso eu sei que não sou.

Mas a 'trombada' do caso Piauí me fez bem. Soube aproveitar a oportunidade, mesmo dolorosa, e repensar certas atitudes. Não posso garantir que essa terá sido minha única trombada. O erro é inerente a quem quer acertar e não tem medo de se manifestar. Certamente cometerei outros erros, mas hoje me esforço para reconhecê-los e analisá-los assim que acontecem. É doloroso reconhecer o erro e entender porque se errou.

O Cansei foi um movimento certo na hora errada. Hoje, creio, seria visto de forma diferente, mas ele foi uma semente da mostra do cansaço popular e na vontade de mudar a política no país. Já o comentário sobre o Piauí foi o comentário errado na hora errada.

Trago essa minha experiência pessoal para fazer um paralelo com a presente situação política do país. Atualmente o extremismo e a polarização tomam conta do Brasil que muitos anos atrás era um país 'mais leve', com maior diálogo entre as pessoas. Hoje é um país pesado, onde nenhum lado escuta o outro, e a crítica passa ao largo de análise, ou melhor, sem autoanálise. Esse quadro trará discórdias e rusgas entre as pessoas. Quantas pessoas conseguem realmente aprender com seus erros e rever suas posições?

Certamente muitos já tiveram seus 'Piauís', em maior ou em menor escala. Quantos realmente aproveitaram a oportunidade para aprender com eles, e isso é o que vai permitir que possamos ser leves de novo. Leves, tolerantes e respeitosos... Como na época eu não fui com o Piauí". Foi o que o Paulo Zottolo escreveu no jornal *Valor*.

Ou seja, amigos, quando decide-se de forma açodada embarcar-se em manifestações extemporâneas, desprovidas do devido planejamento, e ativadas de forma medíocre, os riscos de equívocos e desastres monumentais são elevadíssimos. A cidade de São Paulo viveu e testemunhou, naquele agosto de 2007, e em meio aos escombros e mortos do avião da TAM, uma das manifestações mais patéticas de toda a sua história. Ainda que, com as melhores das intenções.

E que fez com que Paulo Zottolo, no calor e embalo do momento, falasse o que qualquer pessoa com um mínimo de sensibilidade e sensatez jamais faria. Muito bom o artigo, o reconhecimento, e o compartilhamento com todos nós da terrível experiência que Paulo viveu e passou. Ele, de forma generosa e humilde compartilhou com todos nós seguramente o momento mais difícil de sua vida. E do qual, despede-se em sua carta, simplesmente engrandecido.

Apenas uma pequena observação. Talvez Paulo em seu mea-culpa tenha se esquecido de dizer que a empresa que presidia, a Philips, precisou publicar anúncios nos principais jornais do país, desculpando-se pelo erro cometido por seu presidente.

E termino com Kafka, Voltaire e Scott Fitzgerald. Kafka: "Todos os erros humanos são fruto da impaciência. Interrupção prematura de um processo ordenado, obstáculo artificial levantado em redor de uma realidade artificial". Voltaire: "Os homens erram, os grande homens confessam que erraram". Fitzgerald: "Um senso de dignidade fundamental é concedido às pessoas desigualmente ao nascer".

Obrigado, Paulo Zottolo, pela emocionante e memorável lição. Branding na veia.

CAPÍTULO 5

Desafios, Ameaças, Oportunidades

Muitas vezes, em vez de desafiar os concorrentes, vale a pena desafiar seu próprio negócio. Como o fez e disse o proprietário da maior rede de academias do país: "chutei a própria bunda e não cai". Num país que viu a ascensão e queda meteórica dos patinetes e de seus catadores, os "chargers".

Na crise pessoas viajando para a própria cidade e hospedando-se em edificações legendárias. Como um COPAN. E o que motiva e move os "startupeiros".

Todos os que previram o fim das escolas de línguas reconsiderando; finalmente, caminhos de forma inexorável, e depois de 80 anos, para a semana de 4 dias.

Você arriscaria comprando ações de uma empresa com milhares de espadas sobre sua cabeça, mesmo que se chamasse BAYER? E o oceano azul dos bancos tinge-se de vermelho...

Os robôs invadiram o telemarketing, e os homens de chapéu prometem voltar.

O Tempo Certo das Coisas e da Vida

Tito Madi partiu para sempre no dia 26 de setembro de 2018. Assim como Miltinho, que se despediu em 7 de setembro de 2014. De comum entre os dois, e além de amizade, uma mesma gravação. A da música composta por Luiz Antônio, "Menina Moça". De onde tirei a citação "Tudo tem seu tempo certo, tempo para amar, coração aberto faz chorar...".

Nossas vidas estão a exatos 30 ou 60 segundos de um desastre, ou de uma benção. De chegarmos um minuto antes e cruzarmos com a que será a companheira de nossas vidas e que se preparava para sair... De passarmos trinta segundos depois da marquise despencar. Ou pela pressa para honrar compromissos e voltar de helicóptero, como tentou fazer o Ricardo Boechat.

"Timing" se não é tudo, é quase tudo em nossas vidas. Por uma questão de segundos perde-se o bonde, o trem, o avião, a oportunidade, o negócio, o amor, a felicidade, a vida. Não se pode nunca chegar antes e nem depois. Sempre no tempo certo, no momento exato. Mesmo sabendo que na maior parte das situações essa chegada independe de nós.

E aí é que entra uma tal de sorte, ou, da fatalidade. Mas como explicação e sem nenhuma utilidade. E aí recorremos ao se... se isso, se aquilo... Tem tudo a ver com as circunstâncias que nos cercam, como nos ensinou Ortega Y Gasset – "Eu sou eu mais as minhas circunstâncias...". Assim, e em 2018, a Smart Fit, o maior "case" da relativamente curta história das academias de ginástica em nosso país, decidiu-se pela abertura do capital.

Certamente, deveria ter feito isso meses antes. Melhor ainda, no início do ano anterior. Mas, esperou demais, e o melhor momento passou. De qualquer maneira, Smart Fit é uma lição memorável e extraordinária de um empresário que decidiu contrariar a tendência e a corrente, inclusive atirando contra seu próprio negócio antes que os concorrentes o fizessem, a sua outra rede, a Bio Ritmo. Ati-

DESAFIOS, AMEAÇAS, OPORTUNIDADES • 113

rou, corajosa e conscientemente, no próprio pé. Mais que no pé, no próprio corpo. Quase no coração...

E por que o melhor momento passou? Porque desde o início do ano de 2018, e com os resultados divulgados, a Smart Fit, mesmo e ainda ganhando clientes, deixou de ser lucrativa e passou a acumular prejuízos. No terceiro trimestre de 2018, e para suportar seu plano radical e agressivo de crescimento, a Smart Fit realizou um prejuízo de R$ 25 milhões, contra um resultado positivo de R$ 4,6 milhões no mesmo trimestre de 2017.

A Smart Fit, completou 10 anos e muitos meses depois da abertura de sua primeira academia, na volta de seu líder Edgar Corona de um evento do setor nos Estados Unidos, absolutamente convencido que o negócio iria mudar de forma radical.

E assim, e inspirado na rede americana Planet Fitness, sediada em Newington, New Hampshire, com 1.000 unidades, nascia uma rede, Smart Fit, que hoje ostenta 588 unidades e uma base de clientes de 1,5 milhão de esportistas. Brasil mais 5 países.

E tudo começou quando no avião, e voltando dos Estados Unidos, não obstante o sucesso da Bio Ritmo, e de concorrentes famosos e celebrados como Cia Athletica, Competition, Fórmula, Raia 4, Runner e Reebok, dentre outros, pensou..."Se alguém vai chutar a minha bunda que esse alguém seja eu mesmo, ainda que corra o risco de cair por esse malabarismo...".

Talvez, a melhor lição dos últimos anos de que, antes que alguém ataque seu negócio, seja você seu maior concorrente. Todos podem justificar seus erros e desastres por uma questão de "timing", ou comemorar o sucesso pelo mesmo motivo. O único fracasso que jamais poderemos atribuir ao "timing" é o de não ter coragem de rever a estratégia e reposicionar o negócio diante da consciência que o business irá mudar radicalmente. Não ter tido a sensibilidade de compreender, decidir e agir, que o "timing" tinha passado, e o novo timing nos remetia a uma outra direção. Como vem acontecendo hoje com a quase totalidade dos negócios.

Catadores de Patinetes

Na paisagem das cidades brasileiras acostumamo-nos com os catadores. Catadores de papel, catadores de lixo, catadores de latinhas de alumínio de refrigerantes e cervejas, e num passado mais distante os compradores e catadores de jornais velhos. Hoje uma espécie em franca decadência diante do debacle dos jornais.

Agora, e nas noites das principais cidades do Brasil, com denominação pomposa, os Chargers. Isso mesmo, os catadores dos patinetes largados pelas ruas, que, a soldo dos aplicativos, dão um trato nos patinetes, recarregam nas tomadas, e os devolvem nos pontos de retirada.

Os Charges ganham, dependendo do aplicativo, entre R$ 5 e R$ 7 por patinete resgatado. O aplicativo Grin, por exemplo, paga R$ 7. Já a Yellow paga R$ 3 pelo resgate e R$ 2 pela entrega nas bases desde que e devidamente recarregados. Da mesma maneira como aconteceu com o negócio de papel, latinhas, jornais, a briga está instalada e organizações se formando. Disputando pelo resgate dos patinetes.

Em matéria recente de O Globo, um dos caça-patinetes, Mario Queiros, disse "às vezes acontecem até algumas discussões porque chegamos antes e tem gente que tenta pegar os patinetes que já reservamos...". Cenas definitivas de um mundo novo?

Não existe nada definitivo daqui para frente. Cenas da transição de um mundo velho e novo, onde se formam novos costumes, que mais adiante passarão despercebidos. Farão parte da paisagem. Mas que ganham uma dimensão extraordinária no Brasil de hoje, diante da crise econômica.

Na matéria de O Globo a constatação que muitos desempregados encontraram na atividade de Charge uma chance de atenuarem a secura de suas carteiras, enquanto outros, a possibilidade de descolarem uma renda extra para completar o orçamento.

Como já comentei em artigos, e agora reitero uma vez mais, dentre todas as novidades, a dos patinetes é uma mega tolice. Bobagem monumental! Que não resistirá mais que dois ou três verões. Mas, enquanto isso, o assunto segue nas pautas das plataformas de comunicação, e nos possibilitando reflexões e aprendizados do que é, ou são, negócios de verdade. Estava terminando este comentário quando chega a notícia: "Seis meses após ser lançada, operadora de patinetes Lime encerra atividades no Brasil. (Reuters, 9 jan, 2020)... a Lime deixará de atuar em São Paulo nas próximas semanas e no Rio nos próximos meses. As operações em Buenos Aires, Bogotá, Montevideo, Lima e Puerto Vallarta também estão sendo encerradas...".

Da alegria e diversão da criançada do passado, a quebração provisória de galho de profissionais desempregados. Catadores de patinetes. Jornais, revistas, papel velho, latinha, e, por um curto espaço de tempo, patinetes... Muito brevemente, espero e confio, os chargers, Catadores de Patinetes, voltarão a se empregar, e encontrar uma utilização compatível com o capital de seus conhecimentos. Não é indigno catar latinhas, comprar jornal velho, resgatar patinetes. Mas não foi exatamente para isso que viemos ao mundo.

Por outro lado, os patinetes de verdade, aqueles de madeira e rodinha, voltarão para as mãos das pessoas de onde jamais deveriam ter saído. E pondo fim a essa estupidez e tolice que é fazê-los elétricos. Voltarão a ser brinquedos, e motivos de alegria, felicidade e pequenos tombos das crianças.

Já como transporte os patinetes elétricos são uma temeridade. E como negócio, repito, anotem, cobrem de mim daqui a 2, 3 anos, uma bobagem.

Copan, Sonho de Consumo...

Vivemos a Mudança, em todos os sentidos, inclusive, a mudança física, de lugar, de residência. Depois de cinco anos sendo chacoalhados pela crise conjuntural Brasil, e 20 anos da crise estrutural mundo decorrente do impacto avassalador da tecnologia, todos querem mudar-se, todos querem mudar.

Pesquisa divulgada pela FGV constata o óbvio. Mas é sempre bom conferir se o supostamente óbvio é, de verdade, óbvio mesmo. Com a crise, e desalentadas, as pessoas passaram a considerar seriamente a possibilidade de mudarem-se de cidade. E, por decorrência de vida.

Semelhante pesquisa realizada no ano de 2011, registrou que 12,5% das pessoas, naquele momento, pretendiam mudar-se de cidade, área ou país nos 12 meses seguintes.

Na pesquisa do final de 2017, esse percentual subiu para 22,6%. E provavelmente hoje, projetando-se, bate nos 25%, ou, mais! Ou seja, 1 em cada 4 dos brasileiros considera mudar e mudar-se para algum outro lugar.

E aí o Estadão foi atrás da pauta gerada pela pesquisa e acabou fazendo uma incrível descoberta. Que hoje, muitas pessoas, e a partir da existência do Airbnb, moradores de uma mesma cidade, aproveitam-se dessa possibilidade e realizam, ainda que por um ou dois dias, sonhos antigos. Na própria cidade onde moram. De morar, por um, dois dias, no máximo uma semana, em prédios emblemáticos e históricos de sua cidade. Onde eventualmente gostariam de morar para sempre. Mas que só cabem por esses períodos em seus bolsos. E assim, realizam o sonho mediante rápida e curta degustação.

Na matéria do *Estadão* a descoberta que no Copan, talvez o mais emblemático edifício da cidade, projeto de Oscar Niemeyer, existem 23 apartamentos disponíveis no portal de reservas. Com um índice de ocupação e procura espetacular, bem acima de outras alternativas.

Na matéria, algumas entrevistas e depoimentos. E dentre essas, a da jornalista Renata Gallo de 40 anos, que decidiu com a família ter o que chama de Copan Experience. Hospedou-se no prédio du-

DESAFIOS, AMEAÇAS, OPORTUNIDADES • 117

rante três dias, com o marido e duas filhas de 10 e 6 anos. Renata refere-se a essa hospedagem, como, Um Programa Cultural. 40% dos hóspedes dos 23 apartamentos do Copan são da cidade de São Paulo. E você, gostaria de passar um final de semana no Copan ou em outro prédio emblemático de sua cidade? Dê uma olhadinha no Airbnb e similares.

Talvez dê tempo de você ter um Natal, ou uma páscoa dos sonhos, num edifício inacessível por toda a vida, mas acessível e viável para o próximo final de semana.

A Cabeça dos Startupeiros

No caminho de se induzir uma cultura de business em nosso país, muitas foram as instituições que ofereceram contribuições relevantes e essenciais. Especificamente no território das publicações, o primeiro lugar continua sendo de *Exame*. Seu mais consistente concorrente, décadas atrás, foi a revista *Expansão*, e que acabou sendo comprada pela hoje falecida Editora Abril e integrada a Exame.

Depois, e num segundo lugar, com uma pegada diferente, a revista *Pequenas Empresas & Grandes Negócios*. Voltada para, como sua denominação diz, pequenas empresas, e que está completando agora 30 anos. Em sua edição comemorativa dos seus primeiros 30 – tomara que viva ainda por muitos e muitos anos e supere a crise das publicações analógicas – trouxe uma sequência de entrevistas com alguns dos startupeiros da atualidade. Alguns, de sucesso já conquistado e em processo de consolidação; e outros a caminho de.

Depois de ler e reler a matéria, decide separar o que considerei mais relevante no depoimento de cada um deles, 4, constituindo uma espécie do lições essenciais dos startupeiros de sucesso ou quase, ou, o que eles têm na cabeça...

Ariel Lambrecht, 37 anos, cofundador da Yellow e 99. Diz, "Em meu tempo de engenharia da Poli meus colegas me olhavam e diziam: você está louco. Quase como se a dizer, vai trabalhar vagabundo. Enquanto quase todos eles estavam focados em passar nos testes das grandes consultorias eu passava horas brincando de desenhar websites, fazendo animações em 3D. E aí falavam, "você acha que com paixão e as suas ideias você vai chegar a algum lugar... você tem que conseguir um emprego bom...".

Edu Lyra, 30 anos, Ong Gerando Falcões: "Não tive muitas opções na vida. Cresci num ambiente de muita dor, de muita escassez. Nasci numa favela, num barracão com chão de terra batida. Como meus pais não tinham grana para comprar um berço me botavam pra dormir numa banheira. O barraco não tinha água encanada e quando chovia a água levava tudo. Cresci indo visitar meu pai na cadeia. Mas minha mãe me salvou. Todo o dia repetia a mesma coisa: Filho, não importa de onde você vem. Importa para onde você vai...".

Mariana Vasconcelos, 27 anos, fundadora da Agrosmart: "As pessoas achavam que, pelo meu comportamento, eu era muito sonhadora. Meu pai brincava dizendo que eu vivia num mundo cor-de-rosa. Hoje sei que muitas vezes a ignorância é uma benção. A ingenuidade é ótima, porque você não dimensiona as dificuldades das coisas. Analiso o risco, mas, acima de tudo, sou otimista. Não fico esperando para começar. Apenas começo. Se errar, continuo. E assim, acredito, chego mais longe..." .

Leo Henry, 28 anos, Herdeiro do Restaurante Le Casserole: "Tenho uma cultura misturada. Brasileira de minha mãe, e de seus pais, meus avós, franceses, e que fundaram o Le Casserole no Largo do Arouche, no ano de 1954. Minha mãe toca o restaurante há mais de três décadas e eu cresci acompanhando seu trabalho. A degradação do centro trouxe enormes dificuldades, imagem de insegurança, e grandes restaurantes foram embora. Nós ficamos. Quero fazer a festa de 100 anos do restaurante. Resistindo aos desafios que é empreender no Brasil e mais ainda com restaurantes. Um estudo diz que as normas para os restaurantes mudam, em média, uma vez por mês. Numa semana, cinzeiros só podem ser colocados fora do

DESAFIOS, AMEAÇAS, OPORTUNIDADES • 119

restaurante. Na seguinte, dentro. Numa hora o foie gras é proibido. Dias depois é um símbolo de resistência cultural...".

Ou seja, amigos, e como nos ensinou Ortega Y Gasset, somos nós e nossas circunstâncias. O que a vida nos reservou, o que acontece com cada um de nós, é único e exclusivo. E aí não existe o que fazer. A partir daí olhar para fora, para o entorno, para o distante, preservar-se atento e forte o tempo todo, é essencial.

Quase sempre, a solução para as questões que nos atormentam e afligem está literalmente ao nosso lado. Nas decisões e movimentos de um vizinho, na maior velocidade de um concorrente, ou apenas e tão somente numa página de jornal e revista, num vídeo na internet, no passageiro ao lado. E aí, a chance de se descobrir o tesouro, depende exclusivamente da atitude de cada um de nós.

Vou a NYC regularmente há 40 anos. Já fui, seguramente, mais de 50 vezes. Conheço infinitamente melhor Manhatan que São Paulo. E a cada vez que vou volto de lá carregado de informações, insights, referências, estímulos, inspirações. Muitas pessoas quando me veem e ouvem falar empolgado sobre NYC dizem, "mas Madia, fiquei lá uma semana, achei bonito, me impactei com alguns prédios, fui ao MoMA e ao MET, fui duas vezes a Broadway e não saberia o que fazer se tivesse mais uma semana. Não sei o que você vê e gosta tanto em NYC...".

NYC, por tradição e cultura, é uma cidade que respeita o apetite de seus visitantes. Claro, o apetite por informações e cultural, também. E de comida e bebida, idem. Mas, não fica berrando nem motivando. Parte do pressuposto de que quem vai para lá esteja a fim de mergulhar de cabeça. Coloca tudo à disposição, e cada um que se sirva à vontade...

E assim é sempre e com tudo em nossas existências. A vida nos coloca infinitas possibilidades e oportunidades pelos nossos caminhos. Mas, cada caminho é único, cada pessoa é única, e, por isso, Gasset absolutamente certo, "eu sou eu mais as minhas circunstâncias".

120 • MARKETING TRENDS 2021

Jamais se esquecendo do que nos ensinou Milton Berle, comediante, apresentador de tv e compositor americano, de Nova York, 1908, e que morreu em Los Angeles, 2002... Que se você tem uma dificuldade monumental em enxergar todas as oportunidades que as circunstâncias fazem bater em sua porta diversas vezes no correr de um mesmo dia... Recomenda Milton Berle, "Se a oportunidade não bater, construa uma porta...".

O Fim das Escolas de Línguas?

Um dia, em 1968, em seu livro essencial, e onde está escrito nos menores detalhes tudo o que acontece hoje, Uma Era de Descontinuidades, meu adorado Mestre e Mentor Peter Drucker anunciava, dentre centenas de outras afirmações, que, finalmente, o mundo aproximava-se do momento em que todos falariam uma segunda e mesma língua.

Não estava referindo-se ao Esperanto, uma tentativa patética de laboratório e anabolizada que não saiu do papel. Claro, referia-se, naquele momento, ao inglês. E quando morreu, 2005, a Inteligência Artificial engatinhava, e não teve tempo necessário e suficiente, ele, Drucker, para afirmar que possivelmente, essa segunda língua universal, não seria uma língua. Seria uma conquista da tecnologia respaldada na inteligência artificial.

Cada um fala na sua língua, e seus ouvintes ou interlocutores ouvem na língua deles. E vice-versa, eles falam na língua deles e nós ouvimos na nossa. Para se comunicar e quebrar o galho mais que suficiente, embora com muitas incorreções e mal-entendidos. Foi exatamente ai que muitas pessoas apostaram que as escolas de língua iriam morrer. Perderam o sentido. Por alguns meses ou anos também cheguei a considerar essa possibilidade.

Hoje, e quanto mais acompanho a reação das pessoas, percebo que essa nova possibilidade é apenas o novo primeiro estágio. Conseguindo realizar a comunicação, através de gadgets como seus

DESAFIOS, AMEAÇAS, OPORTUNIDADES • 121

celulares ou tradutores, terão despertada a vontade, interesse e motivação de se aprofundar no conhecimento de outras línguas, e de falar essas línguas com maior vocabulário e correção, e até mesmo, e, finalmente, dominarem uma segunda língua.

Assim, acredito que as escolas de língua continuarão existindo, talvez não em quantidade tão grande como hoje, mas crescendo em qualidade e atração.

Nos dois últimos anos, quase todos os meses, notícias que o ensino bilíngue vai chegando às periferias das cidades, a preços mais acessíveis, e com tíquetes suportáveis, embora ainda elevados, para um número maior de famílias. As melhores escolas bilíngue da cidade de São Paulo, por exemplo, começam com tíquetes a partir de R$ 5.000. Em algumas escolas de bairros é possível ter o ensino bilíngue por mil reais ou pouca coisa mais.

E agora, algumas das principias escolas desmembram-se para chegar à periferia de forma mais acessível, também, criando segundas redes. Via de regra e em parceria com as mais tradicionais e respeitadas escolas de língua. Assim, o business do ensino de línguas, não obstante a inteligência artificial e a multiplicação dos gadgets, não estava condenado ao desaparecimento, como muitos chegaram a prever.

Apenas a uma correção de rumo, um decorrente reposicionamento; e, agora constata-se, e ao contrário do que muitos supunham, o ensino de línguas fortalece-se. Mais ou menos quando se aprende a andar de bicicleta. Consumado o aprendizado tudo o que queremos é andar de bicicleta soltando as mãos. Dominar uma língua assemelha-se a saltar de um trampolim cada vez mais alto. Prazeres indescritíveis. Ótimas definições para o que é sentir-se feliz.

Semana de Quatro Dias

Brevemente, muito brevemente, com exceção de raríssimas profissões e atividades, estará institucionalizada, na maioria dos países do mundo, a semana de quatro dias.

122 • MARKETING TRENDS 2021

Lá atrás, quase ninguém se lembra, a semana era de 6 dias e descansava-se apenas no domingo. Até que em 1920 HENRY FORD decidiu criar a semana de cinco dias.

Em paralelo ao aprendizado de se trabalhar a distância, a economizar tempo por não ter que ir e vir ao trabalho, hoje prevalece a constatação que 4 dias são mais que suficientes para as atividades de rotina no trabalho. O mesmo acontecerá com as escolas, com as poucas que não migrarem 80% ou 100% para o ensino a distância. Onde, e mais adiante, com exceção de algumas necessidades pontuais e específicas, cada um define o horário em que realizará seus estudos. Especificamente nos Estados Unidos, a exceção de escolas com 4 dias de aula e 3 de descanso originou-se da necessidade das populações rurais e que moravam a grande distância dos locais de ensino.

Assim, e de forma excepcional, nos anos 1930 as primeiras manifestações naquele país e nessa direção. No final de 2018, em 550 distritos educacionais dos Estados Unidos, a semana de 4 dias para os estudos já era uma realidade. E avança de forma acelerada. 400 mil alunos e 2 mil escolas aboliram a sexta-feira. A semana vai de segunda a quinta.

De qualquer forma, e considerando-se que não existe ainda uma metodologia oficial para aferir esses dados, a maioria dos especialistas acredita que esse número já é, no mínimo, o dobro. Ou seja, totalizando ou próximo do 1 milhão de alunos e 4 mil escolas.

Primeiras avaliações da tal semana de quatro dias de aula. O desempenho e aproveitamento dos alunos melhoraram. Assim como o dos professores que chegavam na sexta caindo pelas tabelas. Portanto, 4 é maior e melhor que 5, em termos de rendimento e em todos os sentidos.

No 5º dia, ao invés da curva do aprendizado continuar crescendo, literalmente, despenca. Tipo copo cheio até a boca e que qualquer gota a mais só vai fazer derramar... Não apenas porque a atenção nas sextas caia e em muito, como muitos acabavam faltando e matando aulas e optando por outras atividades. As famílias, em sua grande maioria apoiam a semana de quatro dias. Poderão ficar um dia a mais próximas de seus filhos, e ainda contornarão melhor as dificuldades de filhos que estudam em escolas distantes, mas não necessariamente longínquas...

E no Brasil? Queiram ou não queiram as autoridades do ensino, a adoção da semana de quatro dias é inevitável. Só não discutimos mais o tema neste momento porque, e em decorrência da crise econômica, tudo o que queremos é conseguir trazer os alunos de volta às escolas, onde as vagas e vazios multiplicam-se. Foi quando de repente chegou a pandemia e deixou de existir qualquer outra alternativa...

Mas, superada a crise da Covid-19, e com a economia retomando a trajetória de crescimento, o tema muito rapidamente passará a ocupar as prioridades de todos os envolvidos no negócio do ensino em nosso país. E teremos, finalmente, a semana de quatro dias! Por mais absurdo e maluco e tolo que possa parecer, quatro é maior e melhor que 5. Ou não?!

O Risco de Grandes Apostas

A Bayer não comprou a Monsanto em 2018, enganada. Sabia da dimensão do exposure legal que estava assumindo. Do risco monumental que corria.

Muitos processos em diferentes cortes americanas acusando a Monsanto, pelo seu pesticida campeão de vendas, o Roundup, ser cancerígeno e ter provocado em milhares de pessoas o linfoma não Hodgkin incurável. Um risco legal de centenas de bilhões de dólares.

A compra ocorreu em junho de 2018 e num dos primeiros julgamentos de agosto, a Monsanto, já uma empresa Bayer, foi condenada a uma indenização de US$ 290 milhões. Em sua defesa a Monsanto, repito, já Bayer, afirmou, "sentimos empatia com o senhor Johnson e sua família, mas defenderemos vigorosamente um produto com 40 anos de história e que continua sendo vital, efetivo e seguro para agricultores... o júri equivocou-se...".

Apresentados os resultados de 2018, e em assembleia, 55% dos acionistas recusaram-se a ratificar algumas das decisões da empresa, e, assim, manifestaram-se contrários a Bayer ter comprado a Monsanto. Muito especialmente porque nos dias anteriores a assembleia uma suposta outra vítima do Roundup – um casal – ingressou com um pedido de indenização de US$ 1 bi. Em verdade, e com diferentes pedidos, a empresa já enfrenta hoje, e apenas nos Estados Unidos, 13 mil processos. Repito, 13 mil processos semelhantes.

Claro, a Bayer reitera sua confiança no produto, está recorrendo em todos os processos, inclusive no da primeira derrota de uma indenização de US$ 290 milhões, mas os investidores sentem-se incomodados e com uma espada gigantesca levantada na direção de seus investimentos... que poderão converter-se em pó, caso a empresa comece a perder sucessivamente os julgamentos.

No último mês de abril de 2019, e em teleconferência com acionistas e gestores de investimentos, Werner Baumann, CEO da Bayer, reiterou que a empresa está absolutamente tranquila e confiante que vencerá todos os processos. Que o Roundup, "glifosato", é absoluta e comprovadamente seguro.

A tentação da compra da Monsanto era gigantesca e única. Para se ter uma ideia do impacto da compra nos resultados da Bayer, apenas no primeiro trimestre de 2109, 70% de todas as receitas da divisão agrícola da Bayer decorrem dos produtos comprados da Monsanto, predominantemente, o Roundup, que continua um recordista de vendas.

E aí fica a pergunta. Até que ponto vale a pena uma marca da expressão, força e qualidade da Bayer, a que criou o mais santo dentre todos os remédios, a Aspirina, assumir um risco de tão grandes e graves proporções?

No momento da compra quase todos os acionistas festejaram. Meses depois, mais da metade revela-se tensa, preocupada e insegura. E não há como resolver essa pendência em menos de 5 a 10 anos. Até lá os incomodados que vendam suas ações, e os mais tranquilos e gananciosos que continuem recebendo robustos dividendos por uma decisão mais que arriscada.

Pergunta, o que vocês fariam? E, se, acionistas da Bayer, como reagiriam? A propósito, meses atrás a Bayer perdeu aquela ação de US\$ 1 bi. Uma condenação monumental. Pior ainda. Ao invés de US\$ 1 bi pedido pelo casal da Califórnia, foi condenada a pagar US\$ 2,1 bi ... A terceira derrota consecutiva, mas, de longe, a com valor mais elevado. Nas duas primeiras a condenação não ultrapassou os US\$ 100 milhões, cada.

Claro, e como disse para vocês, e repetindo, a Bayer não comprou enganada e tinha consciência do risco absurdo que corria. Mesmo assim, mereceu aplauso da maioria dos acionistas, mas que agora começam a ficar preocupados.

Dias antes da compra o valor de mercado da Bayer era de € 77 bi. Quando a compra foi concluída saltou para € 88 bi. E agora, no dia seguinte a mais uma derrota na justiça, caiu para menos de € 50 bi, tendo perdido mais de 40% de valor de mercado. Segue o cortejo.

Até onde os acionistas resistirão aos milhares de processos pela frente? A Bayer garante que resistirá e que vai ganhar todas as ações. O tempo dirá. Será que o slogan, Se é Bayer é Bom, continua em pé?

O Oceano Azul Avermelhou; e, Sangra!

Durante os últimos 20 anos, 5 bancos nadaram de braçada em nosso país. Itaú-Unibanco, Bradesco, Santander, Brasil e Caixa. Os tempos de quebra ficaram para trás: Comind, Nacional, Banespa, Auxiliar, Bandeirantes, Real, Sudameris, América do Sul, Haspa, Geral do Comércio, Bamerindus, e outros menos famosos.

Os 5 sobreviventes e prósperos, acomodaram-se, lucros crescentes, e sem inimigos maiores à vista. De certa forma conviviam numa espécie de paz tácita não combinada. Cada um na sua, sem ataques consistentes. Risco zero. Quando a economia piorava e as empresas ficavam em situação mais difícil, abriam a torneira dos juros e aumentavam os spreads. Transferiam os riscos para os tomadores de recursos. Simples e meros intermediários.

Enquanto isso, e a mesma tecnologia que possibilitou ganhos espetaculares a esses bancos, reduzindo drasticamente os custos e aumentando as margens, aditivada pela cobrança de tarifas que supostamente possibilitariam uma redução nos juros, e o que jamais aconteceu, essa mesma tecnologia foi minando essas instituições por baixo, pelos lados, por cima, por dentro.

Por baixo, com a chegada em bandos das fintechs. Por cima, com o interesse revelado das BigTechs pelo território (Google, "Feice", Whatsapp, Apple, Samsung). Pelos lados, com tradicionais parceiros dos bancos decidindo-se por caminhar com as próprias pernas, as grandes organizações de varejo. Luiza, Renner, C&A, Pão de Açúcar, Via Varejo, Riachuelo, Marisa... E por dentro, e agora, seus próprios clientes pessoas físicas, que ao invés de deixarem o dinheiro aplicado em títulos e opções oferecidas pelos bancos, decidem emprestar direto a amigos, parentes, empresas, negócios.

No início do ano, mediante lei aprovada pelo Congresso, nascem as ESC – Empresas Simples de Crédito. O Banco da Maria, do Antonio, do Madia, da Patricia, do Salibi, do "seo" Manoel da Quitanda... E de quem mais quiser. Ao invés de deixarmos nosso dinheiro aplicado na poupança, em títulos públicos, em fundos de outras instituições, com rendimento mínimo, preferimos assumir algum risco e aplicar com pessoas que conhecemos ou respeitamos a juros entre 3% a 5% ao mês.

De alguma forma, ao regular essa possibilidade, o governo resgata a figura do agiota, agora, agiota do bem. Regulamentado, que empresta às claras e tudo documentado, pagando impostos, e ainda

DESAFIOS, AMEAÇAS, OPORTUNIDADES • 127

podendo ter como garantia o instituto da alienação fiduciária. Ter um bem de quem empresta como garantia.

Aí você é um dos cinco grandes bancos. No curto prazo nada acontece. Até tudo isso ganhar dimensão e virar realidade, no mínimo três anos vão se passar. 2023. Ainda os bancos ganharão muito dinheiro por mais algum tempo. Três anos, quem sabe. Mas, duas consequências imediatas e definitivas.

A primeira é que o oceano azul privativo de cinco instituições ingressou em contagem regressiva, e, no máximo em três anos, todas as cinco vão ter que mergulhar de cabeça no oceano vermelho onde convivem e competem peixes de todos os tamanhos e variedades. E a segunda, é que isso muda por completo a cabeça de todos aqueles que trabalham nesses bancos, muitos especialmente os que ocupam, de um lado, as posições de gerencias e diretorias, e que sabem que têm mais dois ou três anos para ganharem bônus e gratificação.

Pior ainda para os 5 grandes bancos. Enquanto os novos só têm presente e futuro, só olham para frente, os grandes bancos têm um exército de pessoas que não precisam mais, e milhares de metros quadrados de agências e espaços que não servem para nada. Enquanto todos os demais peixes do oceano vermelho só nadam para frente, os cinco grandes bancos têm que alternar. Nadar para frente, e, parar, e nadar de costas para resolver o passado.

Assim como dificuldade de atrair novos talentos, que não conseguem trabalhar motivados, e serem felizes, em organizações onde sobram pessoas, espaços e móveis e faltam perspectivas. Assim, amigo leitor, depois de 20 anos de tranquilidade, dos melhores 20 anos da história dos bancos em nosso país, chegou a hora da competição e da verdade. A melhor conclusão de toda essa bagunça é, finalmente, teremos custo de dinheiro razoável no Brasil. Já era mais que tempo.

Nos últimos meses a imprensa tem ido atrás da Febraban e dos principais bancos privados do país para conhecer suas posições diante dessa nova realidade. A Febraban, em comunicado formal, disse: "Novos participantes, que atendam a segmentos específicos, contribuem para a consolidação de um mercado de crédito mais inclusivo e competitivo". Acho que a Febraban não entendeu, ou preferiu, como de hábito, fingir-se indiferente. Aliás, a Febraban, por sua atuação patética, arrogante e indiferente de todos esses 20 anos, é o melhor exemplo, de como fomos esquecidos pelo sistema bancário do Brasil. Já Bradesco e Itaú-Unibanco preferiram não se manifestar. E o Santander atendeu ao Estadão, afirmando ter lançado recentemente uma série de ofertas voltadas para micro empresas individuais, e pequenas e médias empresas: "E, disse: em paralelo, e no digital, facilitamos a concessão de crédito e capital de giro por meio do APP (aplicativo) Santander e Internet Banking. Continuamos acreditando e apoiando o empreendedorismo em nosso país...".

Pra terminar. Zera tudo o que assistimos e testemunhamos até hoje. Está nascendo o novo mercado financeiro do país. A única certeza que temos, pela multiplicação dos concorrentes ao infinito, é que será muitas vezes melhor que o atual. MAIS QUE NA HORA! Foi bom para eles, profissionais desses bancos, muito especialmente para seus diretores e acionistas, enquanto durou. Já para os clientes...

Telemarketing Deveria Ser Ótimo

Mas, do jeito que é tratado pelas empresas é péssimo.

Lá se vão três décadas em que se discute o telemarketing em nosso país. E tudo o que se vê é, de um lado, a maioria das empresas utilizando-se de forma burra e medíocre daquela que poderia ser uma ótima ferramenta de vendas e relacionamento. Claro, usada de forma planejada e correta.

E do outro, pessoas cada vez mais, mais que incomodadas, revoltadas com a forma que as empresas invadem suas privacidades e

DESAFIOS, AMEAÇAS, OPORTUNIDADES • 129

as literalmente abordam, ou abalroam, de forma estúpida e desorganizada através do telemarketing.

Lá atrás, ainda muitos de coração mole e generosos, passavam por cima porque sabiam ser o telemarketing um dos maiores empregadores do país. Hoje essa consideração vai derretendo na medida em que do lado de lá não tem mais um ser humano, e sim, um robô. Em síntese, aquela que poderia e deveria ser uma espetacular ferramenta de conquista e preservação de clientes, acaba sendo uma ferramenta odiada pela maioria das pessoas.

A Senacom – Secretaria Nacional do Consumidor – vinculada ao Ministério da Justiça e Segurança Pública é um dos órgãos responsáveis para cuidar e regular o telemarketing. No mês de abril fez uma pesquisa com 3,2 mil pessoas. E os resultados foram patéticos. Em cada 10 vezes que as pessoas atendem ao telefone, em 8,5 vezes a ligação cai ou fica muda.

Ou seja, de cada 100 reais que se investe 85 vão para o lixo direto. E aborrecem e revoltam as pessoas que se deram ao trabalho de atender a ligação. Mas, e antes de irem para o lixo, repito, irritam os que tentaram atender a ligação. Das 15 ligações atendidas, a pessoa percebe em 8 delas que está conversando com um robô e quer, literalmente, matar o infeliz. E das 7 que sobram, é alguém querendo vender um produto ou serviço. Ou seja, atira-se 100 para acertar-se entre 7 e 8. 93 tentativas para 7 acertos, o que ainda não quer dizer absolutamente nada.

Diante de tudo isso, parte-se para regulações de toda a ordem. Tentando anteciparem-se, as maiores usuárias do telemarketing, as operadoras Claro/Net, Sky, Tim, Telefônica, Oi, Algar, Nextel, estão propondo uma autorregulação a Anatel e nos seguintes termos: Ligações só de segunda a sábado, não ligar mais que 3 vezes no mesmo dia para uma mesma pessoa, e só e até as 20 horas... Não aceitou e pede que melhorem as intenções... E por aí vai.

Não, definitivamente não. Chega de jogar no lixo uma ferramenta de extraordinária importância. Como? Exigindo que as pessoas que concordam em receber ligações das diferentes empresas, que autorizem essa prática formalmente. Através de manifestação escrita e com cláusulas claras e definidas.

Qualquer alternativa, fora desse entendimento, só contribuirá para matar de vez com o telemarketing. E agora sem dor no coração, na medida em que do lado de lá e a cada dia que passa prevalece os "bots", os robôs.

Homens de Chapéu, Novamente?

Um dos princípios clássicos da física, supostamente expresso por Miguel de Cervantes, o autor de Dom Quixote, é, "Cessa a Causa Cessa o Efeito". Aliás, Cervantes era pródigo em pensamentos nessa linha. Como, "A ingratidão é filha da soberba", ou, "Uma porta fecha muitas portas se abrem", ou, "Até a morte tudo é vida".

Provavelmente, e nos próximos anos, testemunharemos dezenas de episódios e acontecimentos com essa característica. Por exemplo, e como já comentei com vocês, durante anos nos iludimos que o livro eletrônico, o Kindle da Amazon, acabaria com o livro de papel. Não só não acabou como os livros de papel voltam a ser um dos objetos de desejo mais preferidos e amados pela maioria das pessoas.

Semanas atrás estava lendo o Estadão e me deparei com a seguinte manchete: "o chapéu volta a fazer a cabeça dos paulistanos". Imediatamente me veio a vontade de dizer, de forma cordial e amiga, que o jornalista estava enganado, que estava diante de mais um exemplo da clássica Cauda Longa, de produtos que já foram quase unanimidade de todos, mas que sobrevivem agonizante por uma pequena minoria que continua comprando.

Quando já ia começar a escrever este comentário para compartilhar com vocês me veio à cabeça a história do livro, e, me perguntei, será que o mesmo não poderá acontecer com o chapéu para os homens? Um dos primeiros artigos que escrevi em minha vida, anos 1970, e que até hoje cruzo com alguém que leu e comenta, falava sobre Miopia em Marketing, e dos 3 megas fabricantes de Chapéu que existiam no Brasil.

Naquela época, todos os homens que se pretendiam elegantes usavam chapéus. Meu pai tinha uma coleção deles, comprado da Prada. Com o passar dos anos, os chapéus foram sumindo da paisagem e num espaço de 20 anos. Os fabricantes então se reuniram somaram-se, e contrataram, por 3 vezes consecutivas, agências de propaganda diferentes para encontrarem uma solução para a decadência e fim dos chapéus.

A primeira propôs e os fabricantes toparam lançar uma coleção de chapéus de aba curta, à semelhança que o cantor Nat King Cole usava, já que viria fazer uma temporada no Brasil no ano seguinte. Cantou na Record, no Jardim de Inverno Fasano, sempre com o chapéu de aba curta. Lançaram, alguns homens compraram e usaram, mas, durou pouco...

A segunda agência recomendou, considerando o sucesso da Jovem Guarda lançar o chapéu Tremendão, referência a Erasmo Carlos. E assim, todos os sábados, quando o programa ia ao ar Erasmo entrava com o chapéu que levava seu nome. A Jovem Guarda acabou, e a decadência dos chapéus acelerou-se ainda mais.

Finalmente, a derradeira tentativa recomendada pela terceira agência. Ia acontecer a Copa do Mundo do México, 1970, e o Brasil tinha chances de vencer. Propuseram o lançamento da coleção sombreiros, chapéus de aba larga. O Brasil venceu, os jogadores ganharam um dinheiro para descerem dos aviões com os chapéus na cabeça, mas não adiantou nada. Os fabricantes, todos, pediram concordata.

Anos depois apenas é que descobriram que a maioria das pessoas ao comprar chapéus, tudo o que procuravam, ou quase tudo, era uma proteção para suas cabeças, num país onde preponderava o sol, de dia, e o sereno, de noite. E que o grande algoz dos chapéus jamais foi alguma nova moda ou tendência. Foram os fusquinhas que invadiram o país e tiraram, para sempre, os chapéus da cabeça dos homens. De quase todos. Os poucos que resistiram eram olhados de longe e taxados de "barbeiros". Dirigiam com o chapéu na cabeça!

E assim, e antes de falar tratar-se da cauda longa, decidi reconsiderar e me dar um tempo para ver se os chapéus para os homens, assim como o livro para todos, não estaria voltando de verdade. Muito especialmente, considerando-se a decadência dos automóveis, os grandes inimigos dos chapéus.

Como nos ensinou Theodore Levitt, em seu clássico e monumental artigo Marketing Myopia, e que acaba de completar 60 anos, "as pessoas não compram produtos, compram os serviços que os produtos prestam", assim, não compravam chapéus, compravam proteção para a cabeça que tornou-se desnecessária com o prevalecimento dos automóveis, muito especialmente do fusquinha. Agora que os automóveis agonizam, talvez seja a hora e a vez do retorno dos elegantes, bonitos e poderosos chapéus...

O que vocês acham?

CAPÍTULO 6

Coisas do Brasil

Nos exageros da imprensa o anúncio de manifestações que jamais voltarão. Manifestações dentro da chamada CAUDA LONGA. Como uma suposta volta da "Era Disco!". Enquanto isso, e num Brasil onde ainda e muitos vendem o jantar para comprar o almoço, vendemos quadros para salvar museus.

A nova maneira estúpida de matar e morrer por aqui é o péssimo e descuidado uso que fazemos – quase todos – dos celulares. Enquanto turistas caem no Brasil por descuido e descobrem a falta absoluta e total de atenção.

LOJAS CEM, é ainda, a grande exceção. Recusa-se a vender pela internet. E uma pequena loja da cidade de Campinas atribui-se a paternidade de uma nova cruz em formato da palavra fé e que vai tomando conta dos religiosos.

O índice de corajosos que sucumbem ao tentar escalar o EVEREST é o mesmo dos desavisados que tentam empreender no Brasil, de cada 5 apenas 3 conseguem algum sucesso.

CARLOS ALBERTO ANDRADE, o DR. CAOA, é um dos últimos empresários a acreditar na força da propaganda nos jornais. E 610,117 xícaras diárias de cafezinhos deixaram de ser vendidas a cada dia e apenas no estado de São Paulo, de tão grande é a crise. Antes da pandemia... Enquanto o monstro ESTADO não para de crescer...

A Era Disco Voltou! Voltou?

Por razões que a própria razão desconhece alguns profissionais do jornalismo forçam a mão, exageram, e acabam por desmerecer temas e editoriais deliciosos que não precisavam desse recurso débil para sensibilizar e encantar seus leitores.

Em edição do ano passado, uma respeitada e importante revista, que com seus editoriais de qualidade presta inestimáveis e relevantes serviços à comunidade dos negócios, uma matéria que tem por título uma afirmação exagerada. Absurdamente exagerada! Falsa!

"A Era Disco Voltou". E nas duas páginas seguintes tenta justificar a euforia desmesurada e infantil, contando histórias deliciosas de iniciativas pontuais, rigorosamente dentro do que um dia Chris Anderson, e em livro referencial, denominou de The Long Tag, ou, A Cauda Longa.

Aqueles produtos que perderam a razão de ser, mas sobrevivem nas quebradas e periferias do mercado, alimentados por saudosistas que vez por outra compram, esticando por mais algum tempo, o que sobrou de uma indústria um dia poderosa.

E na matéria, para falar sobre o inverossímil retorno do negócio de discos, conta a deliciosa história de Michel Nath, 42 anos, que faz parte de um grupo restrito da suposta nova indústria fonográfica.

Cresceu rodeado de discos. Musico compositor, pesquisador e DJ, resolveu colocar suas músicas num LP. Conseguiu uma última fábrica de LPs na distante República Tcheca, encomendou, e recebeu suas 500 cópias muitos meses depois.

Nesse meio tempo procurou decifrar o que tinha acontecido com esse business no Brasil e descobriu que sete prensas da gravadora Continental jaziam adormecidas num ferro velho há mais de 20 anos.

Comprou todas, foi atrás, descobriu mão de obra especializada em resgates desse tipo de equipamento, investiu no restauro. Despertaram, como se estivessem encantadas e voltaram a prensar, gravando. Com as máquinas funcionando, criou a Vinil Brasil, em galpão de 210 metros quadrados no bairro da Barra Funda da cidade de São Paulo.

Vinil Brasil que é a segunda indústria do setor no país, ao lado da Polysom – que funcionou de 1999 a 2007; parou, e foi reativada em 2009. Hoje, e em todo o mundo, além das duas brasileiras existem outras 93 de dimensão semelhante. Cada uma com uma capacidade de produção em torno de 10 mil LPs mês x 93, igual a uma capacidade de produção de aproximadamente 1 milhão de LPs mês.

Ou seja, se todas se somassem levariam 51 meses para produzirem APENAS os 51 milhões de cópias que vendeu o LP Thriller de Michael Jackson no ano de 1982... Assim, amigos, cauda longuíssima. A perder de vista...

Mas, por alguma razão, e não obstante toda a componente de paixão e nostalgia na iniciativa de Michel Nath, uma maneira ruim de uma revista de ótima qualidade tentar ganhar a atenção de seus leitores... Absolutamente desnecessário e totalmente dispensável. O assunto por si só já merecia uma gostosa e emocionada leitura.

Como tristemente aconteceu meses atrás com a bonita história de vida da professora de ensino técnico Joana D´Arc Félix de Sousa, que, desnecessariamente, e diante de sua emocionante narrativa, sabe-se lá por quais razões exagerou, mentiu, e deixou de tematizar um filme que seria produzido pela Globo Filmes, tendo no seu papel a atriz Tais Araújo. Coisas de um tempo onde se tornou rotina e natural – não é – exagerar-se nas cores, falar alto, e carregar de adjetivos, pessoas e acontecimentos por si só encantadores.

Brasil, Vendendo Quadros para Salvar Museus

Somos um país pobre. Potencialmente, bilionários. Mega abençoados pela natureza. Factualmente miseráveis. Há 500 anos preferimos a praia ao batente. E não existe almoço grátis. A natureza nos dá tudo. Só precisa semear, plantar e colher. Mas isso dá muito trabalho. Assim, permanecemos ao sol...

Como dizia meu saudoso professor Costinha, de medicina legal na São Francisco, somos potentes coeundi – a tal da ereção, uma atrás da outra – mas absolutamente impotentes generandi – incapazes de procriar, produzir riquezas, "beefs..." – "where is the beef?". Como não geramos riqueza vivemos brigando com o cobertor curto. Insuficiente para suprir todas as necessidades básicas e essenciais e ainda deixar algum troco para investimentos.

Assim, e com a realidade não se brinca e muito menos se desafia. A realidade é: Ou nos adequamos e trabalhamos dentro das condicionantes e limites que impõe essa realidade – obra exclusiva nossa –, ou passaremos a vida com o corpo abarrotado de roxos, arranhões, fraturas. Claro, se sobrevivermos.

Enquanto insistirmos em consertar o passado não conseguiremos construir o futuro. Passaremos a vida apagando incêndios, tapando buracos, correndo atrás. O Brasil precisa definir qual é o seu negócio. Eleger um posicionamento. Planejar-se. Construir seu Brasil Brand Book: manifesto narrativa, visão, missão, valores, compromissos e legado. E almejar ser o que nosso DNA – natureza e competências específicas nos potencializa a ser. E isso é tudo.

Depois de duas tentativas, o MAM do Rio conseguiu vender um de seus quadros para pagar dívidas vencidas. Vendeu por 13 milhões de dólares o quadro N° 16 do artista Jackson Pollock, pintado no ano de 1950. Inicialmente, nas duas primeiras tentativas, pedia US$ 25 milhões. Assim como anos atrás o MASP precisou vender a obra de Paul Guaguin, "José e a Mulher de Potifar, supostamente doada ao Museu por um mecenas de ocasião, Baby Pignatari, mediante insistentes pedidos e supostas ameaças de Assis Chateaubriand tendo Pietro Maria Bardi como mensageiro.

E aí começa a discussão, "não deveriam vender", "por que venderam?", "quando conseguiremos preservar nossas reservas e patrimônio cultural" e por aí vai. Pergunta, será que estamos em condição de investirmos em arte? Milhões de desempregados, milhões de desalentados, milhões carentes de saneamento básico, e a galerinha da Paulista e de Ipanema reclamando da venda de quadros? Será que num país onde falta dinheiro pra tudo – desde educação, passando por saúde, saneamento, trabalho – por que motivo deveríamos insistir em museus e patrimônios artísticos.

Um de nossos museus, São Paulo, por falta de dinheiro e manutenção adequada foi recentemente consumido pelo fogo, e parcela expressiva do patrimônio artístico do país que escapou do incêndio, permanece abandonada e descuidada. Poucos anos depois, um segundo museu passou pela mesma calamidade, Rio de Janeiro.

O Museu do Ipiranga está fechado para reforma, vai completar 6 anos, deveria reabrir em 2022, mas sabe-se lá se isso vai acontecer. E seu acervo de 30 mil objetos foi espalhado por diferentes lugares... E por falar em obras de arte, as tais das obras de arte da engenharia – pontes, viadutos, túneis, barragens, diques, eclusas, muros de sustentação... Todos ou todas, carecendo de manutenção urgente, e por aí vai.

Assim, ou nos damos conta e raciocinamos a partir de nossas verdades e mazelas, ou estaremos condenados a continuar vivendo situações de mentiras e falsidades, absolutamente distantes, quilometricamente distantes, de nossa verdadeira e única realidade. Será que um dia assumiremos e reconheceremos todas as nossas limitações e nos tornaremos um país de verdade?

Um dia Vinicius de Moraes incomodou as feias – depois se desculpou e foi perdoado, quando disse, "as feias que me desculpem, mas beleza é fundamental". Sigo na pegada, "os preguiçosos que me desculpem, mas trabalho é fundamental".

Ou, se preferirem, já ganhamos na loteria ao nascer nesta terra rica e abençoada, potencialmente. Agora só falta tirar a bunda da cadeira e irmos receber o prêmio. Construir um país de verdade. Ou não... Dá trabalho... A escolha é nossa!

Maneiras Estúpidas de Morrer... e Matar!

Já comentei com vocês, anos atrás, sobre uma campanha extraordinária que o governo do Canadá mantém no ar e de forma permanente, procurando alertar as crianças sobre os perigos envolvidos em pequenos movimentos, atitudes, descuidos. Uma campanha mais que merecidamente superpremiada, "Dumb ways to die", "Maneiras estúpidas de morrer".

Mais recentemente, e também como cometei com vocês, a novidade é o aparecimento e contágio fulminante da mais nova e estúpida maneira de morrer. E, também, de matar. Caminhar pela vida com os olhos grudados no celular. Segundo a Abramet – Associação Brasileira de Medicina no Tráfego – no ano de 2019, morreram 150 pessoas por dia no Brasil, 54 mil em todo o ano tendo, como "causa mortis", o pior dos vírus da atualidade: celular.

Todos os dias quase duas centenas de pessoas morrem, ou melhor, se matam, ou pior ainda tornam-se assassinos, matam, atravessando ruas e caminhando, ou dirigindo, com os olhos grudados nas telinhas dos celulares. De uns tempos para cá, e em nosso país, e ao lado dos celulares uma nova maneira estúpida, ultrajante e escatológica de se cometer suicídio: Os Big Hambúrgueres... Supostamente respeitáveis redes de lanchonetes entram no embalo, sem se darem conta que o diferencial é propor, fazer e posicionar-se exatamente de forma oposta.

Meses atrás o Estadão pautou o tema e fez oportuna matéria. Publicou os maiores hambúrgueres oferecidos e anunciados aos suicidas. O McNifico do Mc, com 10 fatias de bacon, com 695 calorias, e equivalente a 3 pratos de 250 gramas de macarrão ao sugo e sem queijo ralado. O Mega Stacker Dinamite 4.0 do Burger King, com 4 hambúrgueres, molho de 3 queijos – mussarela, ementhal e danbo, + fatias de cheddar, molho stacker, e bacon. 2.320 calorias, equivalente a 10 pratos de 250 gramas de macarrão ao sugo e sem queijo ralado. E o Parmesão Artesanal do Bob´s, com hambúrguer de 160 gramas de carne bovina, parmesão crocante, maionese de ervas, pão italiano, bacon, tomate, alface, totalizando 865 calorias. Equivalente a 4 pratos de macarrão ao sugo e sem queijo ralado.

Esse festival de péssimo gosto e escatologia, insuportável, é o que vem sendo praticado nas grandes redes. Nas redes menores e individuais a bobagem corre solta e escala.

Segundo matéria da Veja SP do ano passado, na Vila Prudente a revista encontrou e visitou uma hamburgueria que vende desde cachorro quente com 4 salsichas e pesando 1 quilo, passando pela Mooca onde uma hamburgueria criou um derivativo, sorvete Banana Split com 8.481 Calorias, com Pit Stop no Santa Coxinha da Vila Prudente, que vende o Xtudão que pesa 2 quilos, e a Garage Burger que se orgulha de vender o hambúrguer mais alto da cidade, talvez do mundo, o Mach 5, com 13 centímetros, só superado por uma hamburgueria do Itaim que vende um hambúrguer com 14 centímetros de altura...

Chega! Todos com ânsia de vômito. Mais que na hora de alguém sussurrar no ouvido dessa horda de ignorantes qual o verdadeiro sentido e significado da palavra Qualidade. O único atributo que verdadeiramente reconhecido pelas pessoas e pelo mercado, tem a condição de alavancar negócios pra valer e com sustentabilidade. Se Hamburguerias isoladas ou pequenas redes cometerem essa barbaridade é um horror, as grandes redes como o Mc, o Burger, o Bob's deveriam ser autuadas pela saúde pública.

No passado dizia-se que só os peixes morriam pela boca...

Brasil para Turistas... Brincadeira!

Todos os governos novos, assim que tomam posse, prometem, finalmente, começar a realizar o descomunal potencial de receitas que nosso país tem no tocante ao turismo. Em atrair mais e muitos milhões de novos turistas.

E tem! O potencial existe, não obstante a distância do Brasil em relação à Europa, Estados Unidos, e muito especialmente o outro lado do mundo. De verdade, talvez o Brasil seja, potencialmente, e fosse, caso tivesse se preparado, um dos países com as maiores receitas decorrente do turismo. Mas, continuamos esperando que esses turistas, vençam todas as dificuldades e barreiras que existem, não contem com nenhuma das facilidades e acessibilidades que deveríamos garantir a eles, e que, e superadas todas as dificuldades, finalmente, descubram nosso país. Caso contrário continuaremos recebendo, o país inteiro, e no máximo, 10% do número de turistas que recebem Nova Iorque e Paris, apenas para dar dois exemplos.

Agora acompanhem a cena! Jacques Saint-James, 46 anos, empresário canadense – e conforme matéria de O Globo, assinada pelo repórter Luiz Ernesto Magalhães – acaba de descer no Aeroporto Internacional do Rio de Janeiro, mais conhecido como Galeão, embora hoje se chame Tom Jobim. É imediatamente cercado por guias e taxistas dos quais, com muito sacrifício se desvencilha, e vai atrás do escritório ou quiosque oficial das autoridades do turismo da cidade mais linda do mundo, patrimônio da humanidade, e maior atração do turismo de nosso país. Não tem escritório! Não tem quiosque! O único quiosque que existia foi alugado para uma locadora de automóveis. O repórter se aproxima, identifica-se, e antes que perguntasse Jacques Saint-James desabafa: "estou perdido, só tem taxista tentando me vender corrida ao hotel e passeios pela cidade...".

Luiz Ernesto, o jornalista, orienta o turista, dá dicas, ajuda a pegar um táxi em condições verdadeiras evitando que seja roubado e vai atrás de informações. Dos 14 quiosques que a prefeitura do Rio mantinha de apoio aos visitantes restam 7. E completamente desatualizados. Estão preparados para atender a todos que pretendem comparecer aos Jogos Olímpicos do Rio, realizado há mais de 3 anos...

Desse jeito permaneceremos esperando pelos 50 milhões de turistas por ano, por mais 519 anos, que jamais virão e fazem muito bem. Tem que ser muito masoquista para arriscar-se a conhecer as monumentais belezas naturais de nosso país. É pagar para sofrer, ser maltratado, e, muito provavelmente assaltado. E se cair no tal do azar estatístico, nunca mais voltar para sua casa. Permanecer aqui para sempre com uma bala nem de confeito e nem de doce, no coração.

Lojas Cem, a Exceção

As Lojas Cem não chegam a ser uma exceção, mas quase. Já e dentre as maiores redes de artigos eletrônicos é... A Exceção!

Para a Lojas Cem o e-commerce é um palavrão. Logo a Lojas Cem que vende exatamente tudo o que dizem que é perfeito para o digital! Só vende pela via analógica, e através das lojas.

Nada de Bricks & Clicks. Clicks só para apagar e acender a luz, para a chama do fogão, para fotos. Só Bricks! Tijolo com tijolo num desenho mágico... E, por enquanto, com ótimos resultados.

Fechou o ano de 2018, com uma receita de R$ 4,1 bi, resultado líquido de R$ 400 milhões, 15% a mais que em 2017. 2019 esquece pela pandemia. Seu desempenho é melhor que todos os demais grandes varejistas, só perdendo para o Magazine Luiza.

Seus dirigentes atribuem esses resultados, que vem pontificando no correr dos últimos 10 anos, a uma política consistente de compras e vendas. Se não conseguir a margem definida como boa e segura, prefere não vender e abrir mão do fornecedor e de sua marca.

Meses atrás, por exemplo, estava de relações cortadas com a Samsung. Não sei se ainda continua... Não aceitou as condições impostas pela empresa da Coreia do Sul. E não tem nem market-place, nem e-commerce. Apenas e tão somente um site. Onde conta a história da empresa.

Uma empresa que... "Começou em 1952, na cidade de Salto, interior de São Paulo. O fundador, Remígio Dalla Vecchia, decidiu montar um negócio de conserto e venda de bicicletas, peças e acessórios. Seu Gino, como era conhecido, abriu a Casa de Bicicletas Zani & Dalla Vecchia com a ajuda da esposa, Nair Zani Dalla Vecchia.

Em 1959, com o trabalho e a determinação dos filhos e do genro do fundador, os rumos da empresa começaram a mudar. A seção de peças e consertos cedeu espaço aos primeiros eletrodomésticos. Sete anos mais tarde, em 1966, a loja transferiu-se para seu primeiro prédio próprio, introduzindo também a comercialização de móveis.

Seu Gino aposentou-se em 1968. A partir de então, a empresa, cujo nome já havia mudado para R. Dalla Vecchia S/A passou a ser dirigida por um conselho de diretores. O objetivo traçado era ir muito além das quatro lojas existentes na época. Para isso, era preciso um nome curto, impessoal, fácil de falar e de memorizar.

A sigla CEM – Centro dos Eletrodomésticos e Móveis – foi escolhida em 1976, por meio de um grande concurso que movimentou a região. A partir daí, as Lojas Cem não pararam mais de crescer.

"Dezenas de filiais foram e continuam sendo construídas e inauguradas com absoluto sucesso, gerando empregos, aumentando a arrecadação de impostos e fortalecendo o comércio local...".

No site diz e explica porque tem o Melhor Atendimento, como consegue praticar Preços Baixos, para os que precisam oferece Crédito Fácil e Rápido, tem Planos Super Facilitados, e é melhor que seus concorrentes em Prazo de Entrega.

Hoje são 270 Lojas Cem no Brasil, com um crescimento previsto de até 20 em todos os próximos anos. Concentradas nos Estados de São Paulo, Minas, Rio e Paraná. E, se depender do gerente geral da empresa, José Domingues Alves, continuarão analógicos e físicos e distantes do digital por todos os próximos anos. Explica José Domingues: "Quase ninguém faz dinheiro na internet. É uma operação tributária complexa, com custos logísticos elevados...".

Para os amantes, dependentes, e viciados em só comprar no analógico, físico, real, tocar com as mãos, olhar nos olhos, e dizer obrigado pessoalmente, mais que em qualquer outro momento da história da humanidade: AINDA BEM QUE TEM LOJAS CEM!

Perder a Fé, Jamais!

De repente, não mais que de repente, e diante da demora em se encaminhar uma solução para a mega e devastadora crise econômica conjuntural por que passa nosso país; e, em paralelo, a ação que muitos milhões de famílias vêm adotando para mitigar a crise, conforme todos nós temos comentado recorrentemente, manifesta-se a inspiração de algum designer, religioso ou não, e faz uma releitura daquela que foi a logomarca do catolicismo durante dois milênios, A Cruz. Com, ou sem, Cristo.

E assim, de repente, não mais que de repente, uma nova cruz vai crescendo e se multiplicando, e passa a marcar, decorar, pontuar: camisetas, objetos, bandeiras, flâmulas, cartazes, infinitas manifestações. A nova cruz, ou a cruz da crise, é uma cruz onde o T converte-se num F, que em vez de seguir reto na perna horizontal da direita de quem vê forma, antes, um É. E assim nasceu uma Cruz impregnada, comprovada, visual e materialmente, de Fé. A cruz converteu-se na palavra FÉ. Nos "top trends" dos tatuadores, de cada 10 tatuados 5 pedem a Cruz com Fé. Enquanto isso, as tradicionais mãos juntas e orando vem perdendo terreno. Quem seria o autor... Provavelmente, e, de verdade, jamais se saberá.

Em matéria da *Folha* de meses atrás, uma loja na cidade de Campinas intitula-se a responsável pela criação.

Kelli Gasques, da loja Ruah Moda Cristã, afirmou a Lucas Brêda da *Folha* o seguinte, "Vi uma camiseta americana com 'Jesus' escrito em forma de cruz. Como não fazemos cópia, chamei uma moça que trabalha comigo e saiu a cruz escrito Fé... e aí lancei uma primeira coleção no mês de agosto passado".

Fica o registro. Independente de quem criou – jamais se saberá – foi uma oportunidade monumental que desfilou na frente de milhares de players do território da moda e nenhum deles – por enquanto – soube aproveitar-se de forma competente e profissional. Marca de uns tempos de sofrimento e dor de nosso país do qual espero nos despeçamos, o mais rápido possível.

No futuro, quando tomarmos jeito e dermos um jeito pra valer em nosso país, quando não mais tenhamos que passar por situações de dificuldades e crise como estamos passando nos últimos 5 anos, e ainda e agora agravada pelo vírus, sempre nos lembraremos destes dias quando olharmos para essa cruz.

E ao olharmos, quem sabe isso funcione como uma descarga elétrica monumental para nos lembrar quanto custa nos omitirmos, não participarmos, e deixar que os outros resolvam por nós. Não resolvem. Resolvem por e para eles. O importante é jamais perder a fé.

Nós e as Montanhas

Começamos por Nós. Com o cronômetro acionado no dia em que escapamos das barrigas de nossas adoradas mães e nascemos. E que, em algum momento, uns antes, outros depois, partiremos. Assim, nada mais natural que alimentarmos sonhos e loucuras.

Muitos apostando na Megasena. Outros, poucos, nas demais formas de loteria. As chances de ganharmos na megasena é uma em mais de 50 milhões. Uma impossibilidade quase absoluta, mas continuamos apostando. Já as chances de morrermos em desastre de avião é uma em 1,2 milhão. Em acidente de qualquer veículo motorizado uma em 5 mil. Atacado por tubarão, uma em 3,7 milhões. Picada de aranha uma em 483 mil, ataque de cachorro uma em cada 119 mil. Viver é arriscado. Mesmo assim, e como nos ensinou Fernando Pessoa, "Matar o sonho é matarmo-nos. É mutilar a nossa alma. O sonho é o que temos de realmente nosso, de impenetravelmente e inexpugnavelmente nosso...".

COISAS DO BRASIL • 145

Crescem filas para colocar os pés no topo do Everest. Mesmo com pessoas morrendo pelo caminho, inacreditável o que se investe para realizar esse sonho; ou, maluquice. Colocar os pés no topo do Everest é estar a 8.848 metros de altura. Um planejamento de anos que custa a bagatela de US$ 120 mil, computando-se treinamentos, equipamentos, etapas, profissionais, guias.

Quem primeiro tocou seus pés no Everest foi o neozelandês Edmund Hillary e seu acompanhante, o Sherpa (um guia local obrigatório), Tenzing Norgay, 1953; e, desde então outras 500 pessoas. E outras 300, morreram pelo caminho. Voltando às estatísticas, a probabilidade de morrer é muito próxima dos que conseguem chegar lá 3 em cada 5. Assim somos nós. Já em nossa aventura diária, profissionais e empreendedores, traduz-se no sonho de colocarmos um negócio em pé. Cada um de nós um Everest que elegemos escalar.

Segundo o IBGE, na pesquisa Demografia das Empresas, os riscos que assumimos na busca de nossos sonhos – construir e manter uma empresa em pé – são os mesmos de tentar-se colocar os pés no Everest. E o tempo para alcançar ou despencar de "nosso Everest" é quase o mesmo. 5 anos. Assim, o desafio empresarial é um Everest.

Em fotografia mais recente tirada do IBGE, das 700 mil empresas abertas em 2009, apenas 270 mil sobreviviam em 2014. E dentre as causas da mortalidade a primeira é, de longe, a maior. Voo a Cegas. Inexistência de, ou, planejamento precário. Ausência do Mapa!

Na tabulação da pesquisa, e dentre as empresas que naufragaram e não alcançaram seu Everest, a maior parte não dedicou um mínimo de atenção e de horas para conhecer o mercado; mais da metade esqueceu-se de itens básicos assim como de pequenos detalhes que são essenciais na decolagem; e, em não mergulhando como deveriam no mercado, decolaram desconhecendo o potencial provável dos serviços que pretendiam prestar, assim como o hábito dos prováveis clientes em relação a esses serviços. E, por decorrência, e por falta de dimensionamento adequado, capital de giro insuficiente, mais o desconhecimento dos concorrentes.

Em síntese, negligenciaram onde esse tipo de vacilo é mortal. Em mapear, entender, dimensionar, conhecer, aprofundar-se, no mercado onde pretendiam fincar a bandeira da marca; mais crescer, prosperar, prevalecer. É sempre importante contar com alguém mais experiente para ajudar, para no mínimo discutir a hipótese do negócio a ser montado. Uma espécie de Sherpa, um guia especializado em negócios, como acontece com os alpinistas, e onde a companhia de um Sherpa é obrigatória. Também conhecido como consultor de empresas.

É isso, profissionais e empreendedores que buscam dar vida a seus sonhos... Começamos falando sobre os malucos do Everest e fomos nos alongando e agregando mais informações e comentários. Como vocês puderam constatar, a estatística é rigorosamente a mesma, 3 em cada 5 ficarão pelo caminho. Portanto, jamais negligenciar nos fundamentos, e que tem como base essencial um Planejamento de Qualidade. Isso mesmo, um Mapa. Voos ou Escaladas de Montanhas a Cego, jamais!

Caoa e a Velhinha de Taubaté dos Jornais

Luis Fernando Veríssimo criou durante o governo do general João Baptista de Figueiredo, uma personagem – a Velhinha de Taubaté – como sendo "A última pessoa no Brasil que ainda acreditava no governo". No dia 25 de agosto de 2005, na crônica intitulada Velhinha de Taubaté, o autor matou sua criação.

O médico, Dr. Carlos Alberto Andrade, o Sr. Caoa, é uma espécie de Velhinha de Taubaté das plataformas analógicas, muito especialmente dos jornais. Raro o dia que Estado, Folha e O Globo não tenham 1, 2, e até 4 páginas de anúncios de suas empresas. Nas últimas semanas, muito mais! Marli Olmos, do jornal Valor, foi conversar com Marcello Braga, diretor de marketing da Caoa, procurando entender esse comportamento atípico, uma espécie de último dos moicanos... E Marcello Braga, respondeu dizendo que o verdadeiro responsável por essa crença, atitude e manifestação é o próprio Dr. Carlos Alberto.

Segundo Marcello, nenhuma peça publicitária é veiculada sem passar pelas mãos do fundador da empresa. Diz Marcello: "É comum Andrade fazer ajustes na véspera das publicações dos anúncios... ou para alterar o enfoque, ou acrescentar algo que julgue importante, tipo descontos nos carros ou uma nova linha de financiamentos".

Assim, e no exato momento em que as plataformas analógicas vivem a sua maior e definitiva crise, muito especialmente revistas, e mais especialmente jornais, muito importante os resultados que vêm alcançando um dos últimos empresários a acreditar nessas plataformas.

Seguramente *Estado*, *Folha* e *O Globo* deveriam valorizar mais essa espécie de último e derradeiro cliente. Talvez um dos últimos e derradeiros exemplos, do poder das mídias tradicionais, ainda que debilitadas e com circulação definhante e reduzida, contribuírem de forma importante para o processo de construção de marcas. Conseguiu fazer, em dois anos, de uma marca chinesa desconhecida, e com duzentos pés atrás das pessoas, uma marca top e vencedora. Que ninguém mais se lembra ser um carro chinês...

Por mais debilitados e agonizantes que se encontrem os jornais, Carlos Alberto Andrade prova, uma vez mais, seu incomum talento na construção de marcas de automóveis, e que sempre é possível alcançar resultados espetaculares, ainda que acreditando em plataformas praticamente abandonadas por todos os demais concorrentes.

Até o Cafezinho...

Daqui a alguns anos, espero que o mais rápido possível, um dos fatos que melhor caracterizará a crise conjuntural que vivemos há mais de 5 anos, é que os cortes chegaram até o ... Cafezinho.

Anos atrás, no tempo de inflação desmesurada e galopante, numa das vezes atribuiu-se a elevação excepcional de um mês para outro, ao chuchu.

No início de 2019, antes da Covid-19 chegar, a Kantar, empresa que metrifica comportamentos e consumo, registrou uma queda significativa no consumo de cafezinho. Em quantidade de pessoas e em quantidade de cafezinhos. O número que melhor traduz esse comportamento são as 610.177 xícaras de cafezinho vendidas a menos, a cada dia, apenas no Estado de São Paulo.

Mas o arrocho não se restringiu ao cafezinho. Famílias deixaram de comer fora, outras se reduziram a uma única refeição melhor por dia, e pessoas nos restaurantes a quilo diminuíram o peso e quantidade que comem... E por aí vai. Repetimos, antes da Covid-19... Ou seja, amigos, quando essa crise conjuntural se for, e conseguirmos um balanço completo de como mudamos nosso comportamento, só então teremos consciência da devastação que gestões corruptas e incompetentes são capazes de produzir. Mas, aí, veio a Covid-19...

Uma razão a mais para lutarmos por uma reforma no Sistema Político, e que nos garanta participar mais através de todas as conquistas e possibilidades da tecnologia, e agirmos de forma mais rápida e eficazmente, diante de eventuais e novos erros que voltemos a cometer em todas as próximas escolhas de governantes.

Mais que na hora, de resgatar as milhões de xícaras de cafezinho que deixamos de tomar, e o melhor e exercício sentido de democracia. Que definitivamente não tem nada a ver, com o sistema de democracia que prevalece em nosso país. Democracia é uma só. As formas de vivê-la e exercê-la são muitas. Hoje, a que prevalece em nosso país, é, de longe, a pior de todas. Mais que na hora de revermos nosso sistema político. Tudo isso, antes da Covid-19. Agora, então...

O Monstro

Agora vamos conversar sobre um Monstro que não para de crescer. Por inércia, e em meio a mais grave crise que nosso país enfrentou nos últimos 100 anos, o monstro ESTADO não parou de crescer um único momento. E assim será enquanto não procedermos a uma radical reforma do estado brasileiro, que vem nos asfixiando e afogando em todos os últimos anos, nos levando em questão de mais dois ou três anos a inviabilidade total.

Um estado que gasta praticamente tudo o que arrecada apenas para pagar os funcionários públicos – da ativa e da reserva. Civis, militares, e uma aberração chamada Justiça. Não sobrando nem dinheiro para um mínimo de manutenção e muito menos para investimentos em novas obras.

Ou lancetamos agora esse estado, o colocando em seu devido lugar e formato, de forma gradativa e num horizonte de 20 anos, o reduzindo a condição de um prosaico e eficaz aplicativo, ou um dia, e apenas, não acordaremos. Morreremos todos por asfixia com o monstro estado sentado sobre todos nós.

No final do ano passado o IBGE divulgou o quadro de servidores de estados e municípios no ano anterior, 2018. Há 5 anos o Brasil encontra-se mergulhado na crise conjuntural furacão Dilma. Pela cabeça de qualquer pessoa com um mínimo de sensibilidade e inteligência não residia a menor dúvida que prefeitos e governadores, responsáveis, teriam enfiado, os dois pés no breque e conseguido reduções sensíveis nas despesas, certo?

Erradíssimo. Picaretas! De 2017 para 2018, o número de servidores nos estados e municípios registrou um crescimento de 3,4%. Apenas lembrando, como 2018 foi um ano de eleições, os políticos na sua infinita irresponsabilidade e crime, mandaram ver, nomeando e contratando desbragadamente, e fazendo de um monstro gigantesco, um monstro 3,4% maior. Em 2017, a soma dos servidores públicos na administração direta e indireta totalizava 9,34 milhões em dezembro de 2017. Um ano depois, dezembro de 2018, 9,66 milhões. 330 mil a mais. Crime hediondo!

Enquanto a população do país crescia 0,82% de 2017 para 2018, o número de servidores públicos saltou em 3,4%, ou seja, cresce a uma velocidade 3 vezes maior que a população.

Assim, amigos, todas as reformas que estamos realizando perderão o sentido por completo, inclusive e principalmente a da previdência, se não enquadrarmos o estado brasileiro, e começarmos sua desidratação em ritmo acelerado, para migrarmos para um estado aplicativo entre 2030 e 2040.

Décadas atrás, o Brasil foi invadido pela saúva. E o mote era, OU O BRASIL ACABA COM A SAÚVA, OU A SAÚVA ACABA COM O BRASIL. Hoje, e em todos os próximos anos, o mote é, OU O BRASIL DESIDRATA O ESTADO BRASILEIRO A PONTO DE CONVERTÊ-LO NUM APLICATIVO, OU, O ESTADO BRASILEIRO COME O BRASIL, OS BRASILEIROS, E SE BOBEAREM ATÉ MESMO OS PAÍSES VIZINHOS. Transbordando pelas fronteiras.

CAPÍTULO 7

Efemérides e Ícones

No inicio de 2020, e parece que prevendo a Covid-19, o PAPA FRANCISCO só permitiu que 41 beijoqueiros beijassem seu anel. Enquanto o genial LEE IACOCCA despedia-se depois de uma trajetória magistral no negócio de automóveis.

Quantos anos dura um produto de sucesso. Um fusquinha, mais de 80. Uma COCA deve passar dos 200... Caso a caso. E o festival que marca a separação do mundo velho e do novo, e que aconteceu há pouco mais de 50 anos. Vendeu 120 mil ingressos, preparou-se para 200 mil pessoas, e vieram 500 mil.

O indiano, SATYA NADELLA que mudou a MICROSOFT para melhor. Muito melhor. E não se deixe incomodar ou constranger se seu nariz não é lá essas coisas. Jamais se esqueça do que aconteceu com ROSI CAMPOS e GISELE BÜNDCHEN...

Será que JACK MA aposentou-se de verdade? Pouco provável. 1111, o dia do solteiro que fez um "strike" com a BLACK FRIDAY, e com o NATAL. Por enquanto, na CHINA. Mas...

E a lição definitiva de um homem de Deus, HENRY SOBEL, e o legado do "SEO" BRANDÃO.

O Anel do Papa

Cento e treze monges, freiras e paroquianos, depois de saudados pelo Papa Francisco, postaram-se em fila para a tradicional cerimônia do beija anel. Começa a beijação do anel. Em 10 minutos a fila andou exatos 41 beijoqueiros. Beijaram a mão e o anel. Como é da tradição.

No 42º, por razões até então não explicadas e nem devidamente esclarecidas, Francisco evitou que as pessoas persistissem no gesto e abreviou a cerimônia. Não permitiu mais que a sequência de beija anel continuasse. Comentários de toda a ordem. A ala mais conservadora da igreja esbravejou: "Se não quer ser vigário de Cristo, então saia". Já os que o apoiam lembram que sucessivas e incansáveis vezes Francisco repete: "O papa, os bispos e os padres não são príncipes, e sim, servidores do povo de Deus...".

O anel de Francisco e dos papas, mais conhecido como Anel do Pescador, é de ouro, único, e destruído quando o papa morre. E tudo continuaria na faixa especulativa promovendo discussões e xingamentos não fosse o Papa Francisco esclarecer... Nem um, nem outro...

"Só fiz isso por uma questão de higiene... para evitar a difusão de germes...", ou, em outras palavras, os germes que frequentam os anéis, pulseiras e colares de todos os demais mortais, têm, no mínimo igual apreço pelo anel do Papa, muito especialmente pela recorrência dos beijadores... Ou para os que não sossegam e andam atrás de alguma coisa para falar, nem mesmo o Papa os germes respeitam... E fez-se a paz.

Esse é o mundo em que vivemos. Tudo o que fazemos, impacta a maneira como somos percebidos, reconhecidos, reputados. Que se sintetiza no que denominamos hoje de A NOSSA MARCA. O que as pessoas acham de nós.

Todos os nossos movimentos, sorrisos, piscar de olhos, mover de mãos, caminhar, respirar com maior ou menor intensidade, além do que escrevemos, falamos, sinalizamos, integram, naturalmente, nosso processo de Branding.

E que é, em termos de emissão de sinais e códigos de comunicação, o que verdadeiramente conta. E que nos possibilita caminhar com maior facilidade, segurança e rapidez pela vida... Ou, e se não tivermos uma boa Marca, nos depararmos permanentemente com obstáculos e dificuldades. Assim, e o mais definitivo e inexpugnável axioma de nossas vidas, de empresas, produtos e pessoas, é: A Marca não é uma das mais importantes propriedades de empresas, produtos e pessoas; é a Única.

Por essa razão, e sempre, cada um de nós cuidando de nossas marcas com o maior rigor e sensibilidade possível.

Quanto a Francisco, vamos deixá-lo em paz com seus infinitos desafios, e não permitindo mais que os fiéis beijem seu anel e se contaminem. Anel que contamina Chico contamina Francisco.

Só lembrando, esse episódio foi antes da Covid-19...

Lee Iacocca

No último dia 2 de julho de 2019, morreu Lee Iacocca. Aos 94 anos, e por complicações decorrentes do mal de Parkinson. Um dos grandes líderes da velha indústria automobilística. Isso mesmo, essa velha indústria com quem ainda convivemos, mas que já se encontra em acelerada contagem regressiva. Uma nova a caminho...

Antes e acima de tudo, Iacocca, uma liderança carismática. E em seu legado, talvez três momentos principais.

A criação e lançamento do Mustang, em seus tempos de Ford.

A salvação da Chrysler da falência.

E o lançamento, com ótimas perspectivas, de sua candidatura à presidência da república dos Estados Unidos.

E um fracasso monumental, o Ford Pinto, que determinou sua demissão da empresa.

Lee Iacocca nasceu em 15 de outubro de 1924, e despediu-se na terça-feira, 2 de julho. Lido Anthony Iacocca... Deixou infinitos ensinamentos, e dentre os livros publicados, o de maior sucesso foi "Lee Iacocca, Uma Autobiografia".

Das centenas de ensinamentos deixado por Iacocca, selecionei os 10 que mais gosto, respeito e carrego comigo. 10 pensamentos que valem mais que 90% dos MBAs.

1. "A competitividade de um país não começa nas indústrias ou nos laboratórios de engenharia. Começa na sala de aula...";

2. "A maior virtude de um empresário e gestor é motivar pessoas...";

3. "Meu pai sempre me disse que se, ao final de minha vida, conseguisse contabilizar 5 amigos verdadeiros, poderia me considerar uma pessoa feliz e realizada";

4. "Adoraria encontrar a pessoa que eu imagino que seja. Eu contrataria essa pessoa em uma fração de segundos... será que sou essa pessoa?";

5. "Se você espera para ter todas as certezas e sentir-se completamente seguro para decidir, sempre será tarde demais";

6. "A vida é um exercício de conhecimento. Conhece o mercado, conhece o teu negócio, conhece as pessoas que trabalham com você, e, não se esqueça de conhecer a você mesmo";

7. "A velocidade de quem comanda é a velocidade da equipe";

8. "A capacidade de se concentrar e usar o tempo com parcimônia é tudo, se você ambiciona ter sucesso nos negócios – ou melhor, em qualquer coisa";

9. "Em tempos de stress e adversidades o melhor a fazer é manter-se ocupado, alocando toda sua energia e raiva em algo que valha a pena";

10. "Independentemente do que tenha feito por si ou pela humanidade, caso não consiga olhar para trás e reconhecer o amor e atenção que deu a sua própria família, você não conseguiu nada".

De quebra, um 11º para momentos como os que vivemos: "Se a vida anda muito amarga nada melhor que uma consistente rebolada; muitas vezes o açúcar está no fundo...".

Até 2025, 2026 não sobrará pedra sobre pedra da velha indústria automobilística que teve em Lee Iacocca, um de seus gigantes. Essa que ainda vemos seus carros passeando pelas ruas. Carros que alguns de nós, por preguiça, costume ou distração, ainda guarda na garagem... Lembra?...

Fusca: Quantos Anos Vive um Produto?

Na estatística de produtos e marcas que sobrevivem os primeiros 3 anos, menos de 90% completa 10. Dos que ultrapassam 10, metade chega a 20. Assim, de cada 100 que passa dos 3, 10 passam dos dez e 5 ultrapassam 20. Desses 5 sobreviventes restará 1 no final de 50 anos, com sorte...

Uma Coca-Cola caminha firme e forte, ainda que em curva suavemente decadente em direção aos 200 anos; já o fusquinha aposentou-se definitivamente e em todo o mundo em 2018, e depois de gloriosos e mais de 80 anos.

Adolf Hitler sempre sonhou em construir o Carro do Povo. Assim, no início dos anos 1930, dá início ao projeto. Três engenheiros são convocados. Josef Ganz. Edmund Rumpler e Ferdinand Porsche.

Em 1933, uma primeira reunião de Hitler e Porsche. Hitler passa a receita do que queria para o Carro do Povo:

- Um carro capaz de comportar dois adultos e duas crianças.
- Alcançar e manter uma velocidade de 100km/hora.

- Consumo de combustível nunca superior a 13 km/litro.
- Carro refrigerado a ar.
- Capaz de transportar, sempre que necessário, três soldados e uma metralhadora.
- O preço não poderia custar mais do que uma boa motocicleta.

Em 17 de janeiro de 1934, Porsche manda seu projeto para Hitler. Hitler concorda com tudo menos com a estimativa de preço. Teria que ser vendido por menos que 1.500 marcos. No dia 22 de junho de 1934, superadas todas as divergências, Porsche é contratado para colocar seu projeto rodando.

A historia é longa. No dia 12 de outubro de 1936, os dois primeiros pré-protótipos são apresentados. Ainda apresentavam problemas no freio e no virabrequim. Em 1937, saem da fábrica 30 modelos da versão finalmente aprovada. Em conjunto os 30 rodaram mais de 2,4 milhões de quilômetros nas mãos de integrantes da SS, tropa de elite de Hitler.

No dia 26 de maio de 1938, foi assentada a pedra fundamental da fábrica, sem a presença de Hitler, mas com o testemunho de 70 mil pessoas. No dia 15 de agosto de 1940, o primeiro Fusquinha, o Volkswagen TYP 1, sai da linha de produção e ganha as ruas. Azul escuro acinzentado. Até 1944, apenas 640 modelos produzidos. A Guerra praticamente congelou a decolagem do Fusca.

Corta para 10 de julho de 2019. Puebla, México, 17h15 sai pela porta da frente da fábrica da Volkswagen, o último Fusquinha.

Assim, e depois de 60 anos, quase 3,5 milhões de unidades, chegou ao fim a história do fusquinha. Será que não volta, perguntam alguns. Definitivamente não responde o novo mundo em processo de construção.

O conceito e entendimento de automóvel, da nova década, não passam nem pelo fusquinha nem por todos os demais modelos que ainda povoam as ruas do mundo. Há um novo carro a caminho, em todos os sentidos: design, tamanho, funções, uso, compra, combustível, autonomia... Ou seja, e desta vez, o fusca se foi para sempre. Entra para a história do primeiro grande ciclo da indústria automobilística no mundo, 90 anos, como um dos best-sellers. Brigando com o Toyota Corolla e outros 3 modelos pela primeira colocação.

Quanto dura um produto? Não existe uma resposta definitiva e conclusiva, mas, em termos conceituais e genéricos, quanto mais e melhor responder o que um dia Al Ries e Jack Trout celebrizaram. Causar, no lançamento, "Primeiras e Ótimas Impressões".

E depois, contrariar o que Al Ries e Jack Trout ostentaram durante décadas como a primeira das 22 Leis Consagradas do Marketing: Afirmavam "É mais importante ser o primeiro do que ser o melhor". Era... Agora não é mais. É bom ser o primeiro, mas vital, ser o melhor sempre. Quando se deixa de ser O Melhor, perde-se a razão de ser, e, despede-se. Como acabou de acontecer, finalmente, e coberto de glórias, com o sexagenário fusquinha.

Descanse em Paz! Mais que merece!

Woodstock, ou, Jamais Tente Replicar o Irreplicável

Quando fatos e circunstâncias conspiram positivamente, quando todos os ventos são a favor, e todos dão as mãos em torno de ótimos propósitos, sai da frente; Eclode! E como Eclode! Nasce, revelam-se, manifesta-se sintetiza. Uma monumental epifania! Assim foi com Woodstock!

Tudo vinha numa crescente no correr de duas décadas, e a partir de um célebre e pacificador beijo em Times Square, no dia 14 de agosto de 1945, entre uma enfermeira de branco, e um marinheiro de azul e boina branca, selando o fim da 2ª Grande Guerra. Começava a chamada guerra fria.

Todos deveriam permanecer calados e tranquilos. Paz. Uma terceira guerra daria fim ao mundo. Durante 10 anos silêncio absoluto. No final dos 1950, algumas inquietações. Começam os 1960, um movimento aqui, outro ali, estudantes vão para as praças, protestos contra a Guerra do Vietnã, perseguições racistas, o assassinato de Martin Luther King, Primavera de Praga, revoltas de maio, estreia de Hair, Massacre no México, atletas negros fecham os punhos e erguem as mãos nas Olimpíadas dos Estados Unidos e do México, Beatles e a Sgt. Pepper´s Lonely Hearts Club, movimento hippie, panteras negras... E três dezenas de outros acontecimentos de igual peso e relevância...

Pegando carona nessa concentração de convergências, Michael Lang, John P Roberts, Joel Rosenman e Artie Kornfeld somam-se numa legendária e monumental aventura. Roberts e Rosenman colocam um anúncio instigante e provocativo em dois jornais. No The New York Times, e no The Wall Street Journal: "Jovens com capital ilimitado procuram oportunidades de investimentos". Lang e Rosenman respondem, temos uma ideia. Um estúdio de gravação em Woodstock.

Sentam-se para conversar, a conversa vai evoluindo e crescendo, e comentando sobre tudo o que aconteceu no mundo nos últimos anos concluíram que ao invés de um estúdio para gravação, deveriam fazer uma celebração à paz e ao amor. Um grande festival de artes e música ao ar livre... Ingressos colocados à venda em algumas lojas de discos de Nova York, e através do UsPost. US$ 18 dólares para venda antecipada, ou US$ 24, para quem quiser comprar no dia. O equivalente hoje a US$ 100 e US$ 120.186 mil ingressos vendidos antecipadamente, e os sócios esperavam no máximo 200 mil pessoas no total.

Mais de meio milhão compareceu. Cercas quebradas, e a energia canalizada em milhões de jovens de todo o mundo jorrou aos borbotões e constituiu-se, assim, Woodstok, no ápice de tudo. No final de um ciclo de duas guerras, e muito medo de uma terceira. Paz!

Agora, 50 anos depois, decidiu-se comemorar o ápice de uma história que começou com a revolução industrial, passou pelo nascimento das grandes metrópoles, por duas guerras, e alcançou seu clímax na sociedade do conhecimento e numa pequena propriedade a duas horas de Nova Iorque, numa fazenda de 600 acres de terra pertencente a Max Yasgur, na pequena cidade de Bethel.

Em verdade, Woodstock não aconteceu em Woodstock. Pequena cidade originalmente escolhida para o evento que, diante das dificuldades, levaram os organizadores a desistirem do lugar e carregarem o nome junto...

Mas, não foi possível agora e 50 anos depois repetir Woodstock! Mesmo que a pretexto da efeméride e a título de homenagem. As circunstâncias, razões e motivos que deram origem e eclodiram em Woodstock são impossíveis de serem replicados. E ter a comemoração fracassado foi muito bom. Por maior que fosse o sucesso, jamais, em hipótese alguma, conseguiria traduzir o momento histórico onde se plantam as raízes do admirável mundo novo, da geração e movimento hippie, e do advento de um microchip que aconteceria 2 anos depois e de onde brota a digisfera... Jamais tente repetir o que as forças e os desígnios da natureza e da vida determinam. Não vai dar certo.

A Mão, o Dedo, e a Cabeça de um Indiano...

Quando o comando da Microsoft foi entregue ao indiano Satya Nadella muitos torceram o nariz. O dia era 4 de fevereiro de 2014. Nadella passava a ser o terceiro CEO da empresa, substituindo Steve Balmer. De 1975 a 2000, o comando foi de Bill Gates. A partir de 2000 e por 14 anos, Balmer. E nos últimos 5 anos, o CEO que tem o coração na cabeça, Nadella.

No dia em que assumiu, o valor de mercado da Microsoft era de US$ 318 bilhões. Exatos cinco anos depois, US$ 820 bilhões. E caminhando inexoravelmente para o primeiro trilhão nos próximos dois anos.

Quando Nadella assumiu o comando a Microsoft acelerava seu desencaminhamento. Comprara a Nokia anos antes, por US$ 7,2 bilhões, o plano era lançar o Windows phone e isso acabou acontecendo em 2015, até o início de 2016, quando, e diante do retumbante fracasso, a Microsoft, por proposta de Nadella jogou a toalha, respirou fundo, engoliu seco, e absorveu um mega prejuízo. Vendeu o que sobrou da Nokia e que lhe custará US$ 7,2 bi por US$ 350 milhões. Realização de um prejuízo de quase US$ 7 bilhões em poucos anos.

E na sequência começou a eliminar a componente claustrofóbica da Microsoft, típico de empresas que ainda em nossos tempos detém quase monopólios, e foi se abrindo para o mundo. Lançou uma versão do Office para iPAD e iPHONE. Aceitou um convite para palestrar em evento de um mega concorrente, a Salesforce, e o mesmo Nadella que um dia chamou o Linux – sistema aberto – de câncer da indústria, reconsiderou e comprou para a Microsoft o Github, por US$ 7,5 bi, onde programadores armazenam seus programas de código aberto passíveis de compartilhamento e dentro da sharing economy.

As duas maiores apostas de Nadella e da agora sua Microsoft para os próximos meses, são, um Linkedin Revolution, aproveitando-se da debandada do Facebook, e uma nova empresa de streaming voltada para os gamers. Agora, alguns dos melhores pensamentos desse genial Indiano, que vem garantindo uma segunda e próspera vida à Microsoft. E que, em meu entendimento, pautou o estilo de liderança que deverá prevalecer daqui para frente, Lideres que têm o coração no lugar da cabeça. E a cabeça, o cérebro, no lugar do coração.

- Sobre Computadores – "Precisamos nos perguntar não apenas o que os computadores podem fazer, mas o que os computadores deveriam fazer".

- Sobre a Microsoft – "A Microsoft ainda tem muito a conquistar. Temos 96% de todo o mercado de PCs, mas apenas 14% de share de todos os demais devices...".
- Sobre o DNA da Microsoft – "Nosso DNA nos torna a única empresa capaz de produzir softwares que empoderam pessoas e empresas. E, simultaneamente, e por decorrência, escancaram oportunidades de mercado".
- Inteligência Artificial e Ética – "Mais que na hora a partir de 2019, e sempre de conversarmos mais nas empresas sobre Ética, muito especialmente com o advento da inteligência artificial, antes que façamos muitas bobagens...".
- Microsoft e Smartphones – "Voltaremos muito antes do que pensam no negócio dos smartphones. Mas voltaremos com soluções e produtos que só a Microsoft é capaz de fazer".
- Sobre o mais Importante – "Quando eu penso sobre minha carreira sempre chego a mesmíssima conclusão: todos os meus sucessos decorreram de aprendizados com os erros que cometi".
- Sobre o Propósito da Microsoft – "O propósito da Microsoft é o de construir ferramentas tecnológicas que possibilitam às demais empresas construírem mais tecnologia. Uma espécie de empresa meio".
- Sobre o Brasil – "Nossa presença no Brasil não deve ser medida pelas tecnologias que trazemos para cá. Mas, pelas tecnologias criadas no Brasil usando nossas ferramentas".
- Sobre a Importância do Propósito – "Sempre procurei estudar o que faz com que empresas resistam no tempo. E ao final de cada estudo a conclusão se repete e se reforça. As empresas mais longevas são as que preservam seus valores, sem jamais abrir mão de questionar o que estão fazendo a cada novo momento. Preservar valores – inegociável – sem jamais esquecer-se de inovar e evoluir. Não são comportamentos antagônicos; são complementares".

- Sobre o que jamais poderia acontecer na Microsoft – "Nós jamais seremos perfeitos. A ilusão de que o sucesso dura para sempre é o que queremos expurgar de nossa consciência. É o veneno que alimenta a arrogância. Quando nas empresas começa a prevalecer o entendimento de que são bons demais é que perderam de vista o caminho percorrido e o que fez, verdadeiramente, a empresa ter sucesso".

E "o que fez e faz empresas terem sucesso é curiosidade, humildade, sorte e trabalho duro...". Sobre o que diferenciará os países mais adiante – Segundo Satya, a nova medida das perspectivas futuras e sucessos dos países são a Intec – Intensidade Tecnológica. Medida essa válida também para as empresas. Quanto maior a Intec – Intensidade Tecnológica, maiores as possibilidades de sucesso e de preservar a liderança de mercado.

Sobre a crítica de utilização criminosa de dados – "As empresas de tecnologia precisam ser capazes de pensar sobre as consequências do que constroem e vendem antes, e não passarem todo o tempo tentando se desculpar, depois".

É isso Amigos. Ele, Satya Nadella, A mão, o dedo, a cabeça, e o menino de Hyderabad, uma das cidades mais populosas da Índia, e que vem garantindo uma segunda e saudável vida a uma das maiores e mais consistente empresa do mundo. Uma liderança a respeitar e seguir.

Rosi e Gisele

Em verdade a Rosi não está dando aulas de marketing e nem é marketeer. Assim como Gisele. Apenas, com sensibilidade e lucidez, seguem suas jornadas.

Um dia a Victorinox, como faz de hábito, perguntou a uma amostra de seus milhões de pessoas que possuíam um canivete suí-

EFEMÉRIDES E ÍCONES • 163

ço em suas casas – alguns têm dezenas – guardado numa gaveta qualquer, quais dos produtos da Victorinox, empresa campeã em cutelaria, gostavam mais. Claro, no primeiríssimo lugar, a Victorinox, empresa de cutelaria, disparou na frente, o emblemático e legendário canivete suíço. E, em segundo lugar, relógio!

A Victorinox jamais fabricara um único relógio. Mas se as pessoas dizem e acreditam que você faz relógios... Hoje a Victorinox é uma das maiores fabricantes mundiais de relógios.

A atriz Rosi Campos contou, meses atrás, sua história à Monica Bergamo da *Folha*, dizendo, "nasci feito um quiabo. O parto foi tão rápido que só deu tempo de colocar um jornal para eu não cair no chão. Meu nome Rosangela foi dado em homenagem à parteira...". Conta que um dia foi convidada para compor o casting do programa Castelo Ra-Tim-Bum. Papel, Bruxa Morgana. O resto é história. Diz Rosi, "serei a bruxa Morgana até morrer".

Muitos me perguntam se não acho chato? Chato é não conseguir emplacar uma personagem assim!... Vira e mexe escuto na rua, Tia Morgana... Um dia até fiquei com medo... "Estava andando e um grupo de crianças me reconheceu. Vieram correndo atrás de mim. Ah, meu Deus, pensei, alguém me ajude... Mas no final deu tudo certo..." E finaliza, dizendo, "Muitas pessoas chegam perto e me dizem por que não faço uma plástica no nariz... sorrio e respondo, Não!!! Ganho dinheiro sendo bruxa, como vou ter um narizinho lindo...".

Mais ou menos o que o pai de Gisele Bündchen disse para ela quando as pessoas insistiam em operar seu narigão: "Gisele, minha filha, presta atenção... Mas pai, as pessoas querem que eu faça plástica no nariz... Gisele, minha filha, presta atenção... Quem tem personalidade tem nariz grande; não se preocupe". Se o mercado, público, pessoas, dizem que você é linda como é, não obstante o narigão, faça como Rosi e Gisele. Incorpore seu personagem e siga em frente.

Mais ou menos como uma certa frase de sucesso de 20 anos atrás, "se melhorar, estraga".

E Jack Ma Aposentou-se! Será?

Não sabemos exatamente qual a extensão e consistência da palavra Aposentadoria na China de hoje, mas o fato é que, com pompas, circunstâncias, músicas, e 60 mil funcionários lotando um estádio, Jack Ma, ao completar 55 anos de idade, aposentou-se do comando executivo do maior Market Place do outro lado do mundo, e brigando com a Amazon pela liderança, o Alibaba.

Há exatos 21 anos, 1999, 18 pessoas sob a inspiração e liderança de Jack Ma, fundam uma empresa chamada Alibaba. No apartamento de Jack Ma, em Hangzhou. E na entrada do novo milênio nascem os dois primeiros filhos desse negócio. O Alibaba.com, e o 1688.com, naquele momento, exclusivamente para a China.

Apenas lembrando, falamos Alibaba, mas de verdade mesmo nós brasileiros nos acostumamos a falar Ali Babá. Com seus 40 Ladrões das 1001 Noites. Numa primeira viagem aos Estados Unidos, Jack Ma testou o "naming" que era mais que conhecido por todas as pessoas com quem conversava nas ruas. E, para essas pessoas, Ali Babá era uma pessoa generosa e voltada para os negócios...

Em verdade Jack Ma foi o apelido que ganhou de seus amigos americanos. Seu nome de nascimento é Ma Yun... Alguns novos negócios foram sendo anexados ao grupo, e entre 2004 e 2005, é desenvolvido e nasce o sistema de pagamentos, o Alipay. Um pouco mais adiante nasceu o AliExpress, que foi invadindo o mundo e ganhando uma versão para o Brasil e em português no ano de 2013.

Já em 2015, o Brasil era o 4º maior mercado para a AliExpress... E supostamente a AliExpress é o maior market place em vendas no Brasil, superando todos os demais brasileiros, não tendo absolutamente nada por aqui, e sem pagar um único centavo de impostos por só vender quinquilharias...

Jack Ma permanece como maior acionista do grupo de empresas e negócios que gravitam em torno do Alibaba e foi sucedido por Daniel Zhang, que desde 2015, já ocupava a posição de presidente executivo do Alibaba. Durante meia hora Jack Ma falou para seus 60 mil companheiros de empresa. Sobre seu futuro, além de continuar presidindo o conselho das empresas, disse, "O mundo é maravilhoso. Há muitas coisas que quero experimentar, que quero tentar. Além de muitas coisas ruins e erradas no mundo...". Segundo ele, quando se aposentar definitivamente pretende dedicar a etapa final de sua vida à educação e conservação ambiental.

E ainda alertou seus companheiros de empresa sobre os desafios pelo caminho... "Hoje nós chineses estamos muito confiantes, mas a visão que temos sobre nós mesmos e a que o mundo tem sobre nós são muito diferentes. O mundo tem medo da China, da tecnologia e das empresas poderosas. Espero que a tecnologia seja benevolente e traga esperança, ao invés de sofrimento e dor...".

Em Tempo: No final de 2019, retornou ao Brasil um grupo de empresários de nosso país que foi conhecer a China. Como não poderia deixar de ser, voltaram pasmos com o que viram. Segundo dois deles, com quem conversamos, a China já dominou o mundo, visitaram a Alibaba, e num determinado momento perguntaram ao chinês que os conduzia na visita qual a importância do Brasil como mercado para o market place. Muita, respondeu o chinês. Venderemos no Brasil neste ano de 2019 US$ 5 bi, sendo que desses US$ 5 bi, US$ 4,8 são de produtos que custam menos de US$ 50, ou seja, isentos de impostos. Muitos varejistas brasileiros presentes no grupo ficaram perplexos. Uma empresa que vende US$ 5 bi no Brasil e paga zero de impostos... Ou, quase zero!

1111

Você está sentado? Sente-se. Tem cinto por perto? Afivele. Você jamais ouviu falar de qualquer coisa parecida ou próxima. Onze de novembro, 1111, ou, 11/11 não queria dizer nada. Até que um dia um grupo de estudantes da Universidade de Nanquim, em 1993, decidiu oficializar a data como Dia do Solteiro, procurando aproximar todos os solteiros de todas as universidades chinesas, tentando estimulá-los a novos relacionamentos, e futuros casamentos. 1 de solteiro, 11 novembro, dois solteiros, dia 11 dois solteiros no mês 11 dois solteiros formando um par.

O clímax desse formato foi em 2011. 11/11/11!!! Devido à loucura de 2011, em 2011 o Alibaba conseguiu registrar a data, evento, convertendo na principal data promocional de seus Market places. Originalmente imaginado para o site tmall, exclusivamente para grandes marcas, o sucesso acabou revelando-se infinitamente maior do que o imaginado, saiu do controle, e, desde então todos correm atrás.

Está sentado? Permaneça sentado e providencie, mais um cinto. Vamos aos números de diferentes anos e vendas do 1111. Com a palavra, Ming Zeng, presidente do conselho do Alibaba:

"Poucos anos antes da meia-noite da véspera do Dia do Solteiro, 10 de novembro de 2017, eu estava ansioso na sala de comando do Alibaba. Todos os equipamentos em processos contínuos de teste para saber o quanto resistiriam. No ano anterior, 2016, em um único dia o Alibaba vendeu US$ 15 bilhões. Nas telas do Alibaba, comprando, consumidores de 200 países. No mesmo ano, na Black Friday, todo o comércio dos Estados Unidos vendeu US$ 3,5 bi, ou seja, o Alibaba sozinho vendeu 4 vezes mais que todo o varejo americano. Aproxima-se da meia noite. Milhões de dedos de milhões de usuários em todo o mundo estão apontados para o teclado. Começa a contagem regressiva, sobe a música... Em exatos onze segundos US$ 15 milhões de vendas. Dezessete segundos depois, 150 milhões. 97% das compras por celulares. Ao completarem-se os primeiros 3 minutos, US$ 1,5 bi de dólares de vendas. Em apenas 1 hora o Alibaba vendeu mais do que vendera no mesmo Dia do Solteiro de 2014. No momento mais nervoso daquela noite as plataformas do Alibaba chegaram a processar 325 mil pedidos, e 256 mil pagamentos por segundo. Agora, descreve Ming Zeng, passaram-se 7 minutos e 23 segundos. Confiro os marcadores: 100 milhões de compras. Em apenas sete minutos de 2017, o mesmo volume total de compras do Dia do Solteiro de 5 anos antes, 2012, quando a data promocional começava a escalar. Apenas a loja da Nike em um único minuto consegue vender US$ 150 milhões. 12 minutos depois da meia noite o primeiro pacote foi entregue a um cliente em Xangai. Até as quatro da manhã 3 milhões de camarões canadenses e 1,6 milhão de camarões argentinos tinham sido comprados pelos chineses. 13 horas depois da abertura as vendas já tinham superado as do ano anterior e ainda restavam 11 horas pela frente...".

No final do Dia do Solteiro de 2017, 812 milhões de pacotes foram expedidos para a China e mais de 200 países. Se todos fossem despachados por avião seriam necessários oitenta mil boeings 747 para o transporte. No final do Dia do Solteiro, o Alibaba processou 1,5 bilhão de transações, totalizando uma venda de US$ 25 bilhões.

No ano de 2018, um crescimento de 20%. Quase US$ 31 bilhões de vendas. Em um único Dia do Solteiro o Alibaba vendeu quase o dobro do que vende o comércio eletrônico do Brasil num ano. E em 2019, surpresa, quase dobrou as vendas: US$ 58,5 bilhões!!! E, depois de uma ressaca provocada pela Covid-19, o recorde voltará a ser quebrado num dos próximos 11 do 11. Assim e agora você já sabe. Esqueça o Black Friday, esqueça o Natal em termos de vendas. O dia é 1111. Pode desafivelar o cinto.

Recomendação. Milton Assumpção é provavelmente o melhor editor de livros de negócios do país. Na primeira metade desta década comprou os direitos e lançou no Brasil o monumental livro de Jeremy Rifkin, Sociedade de Custo Marginal Zero. Onde o autor detalha tudo o que está acontecendo e assim seguirá em nossas vidas e empresas nos próximos anos e décadas, em decorrência do tsunami tecnológico. E lançou em 2019, o livro que eu mais que recomendo para quem quiser ter uma ótima ideia da genialidade de Jack Ma e do seu Alibaba e negócios conexos. E escrito por um autor mais que credenciado, Ming Zeng, que trabalha ao lado de Jack Ma e escancara a essência do Alibaba. Imperdível! "ALIBABA: Estratégia de Sucesso".

O Bom Ladrão

Henry Sobel nasceu em Lisboa, em 9 de janeiro de 1944, e permaneceu no Brasil por mais de 40 anos. Presidiu o Rabinato da Congregação Israelita Paulista até outubro de 2007, quando pediu seu afastamento. Principal porta-voz da comunidade judaica no país, junto com Dom Paulo Evaristo Arns e o pastor presbiteriano Jaime Wright ofereceu contribuição inestimável para a publicação do livro BRASIL NUNCA MAIS.

Dois fatos, de forma especial, marcaram sua trajetória. Defensor intransigente dos Direitos Humanos recusou-se a enterrar o jornalista Wladimir Herzog na ala de suicidas do Cemitério Israelita, por não aceitar a versão oficial da polícia. E, no dia 23 de março de 2007, foi preso por furtar gravatas em uma loja na cidade de Palm Beach, nos Estados Unidos.

No momento em que finalizava seus preparativos para sua mudança para Miami, concedeu entrevista histórica, emblemática e exemplar para Laura Greenhalgh, de O Estado de São Paulo. E nessa entrevista, deu sua versão oficial e final do que aconteceu naquele dia em Palm Beach.

"Por favor, coloque no papel o que trago no coração, porque vou falar de algo pela primeira vez. Antes não havia tido coragem nem vontade. Aquele foi um episódio desgastante, cheguei a pedir desculpas diante das câmeras das principais emissoras de TV do Brasil. Também tratei do assunto em livro autobiográfico. Falei em problema de saúde e no uso de um medicamento para dormir, o Rohypnol. O remédio teria me levado a cometer atos impensados.

Ontem à noite, às vésperas desta entrevista e com o distanciamento que o tempo proporciona, decidi que não posso mais atribuir o que houve a fatores externos. Para ser e me sentir honesto, admito que cometi um erro... Uma falha minha moral. E peço perdão. É bom ser perdoado. Quando eu era menino, sempre que cometia um erro, podia contar com a compreensão, ternura e perdão dos meus pais. Lembro de ter a sensação de um peso tirado do coração, uma gostosa certeza de ser aceito. Quando cresci foi minha vez de conceder perdão aos meus pais pelos erros e fraquezas, fossem reais ou frutos de minha imaginação. Compreender nossos pais e perdoá-los por serem menos perfeitos do que gostaríamos, é natural no processo de amadurecimento. Lembro das críticas se abrandando, os ressentimentos se dissolvendo, a consciência do afeto libertando a alma. É bom perdoar. E é muito bom perdoar a si próprio".

Despediu-se, dizendo, "Acertei e errei muito. Agora vou dedicar tempo a mim. O perdão vai ocupar boa parte de meus dias." Laura ainda perguntou ao rabino como conseguira chegar a aceitação dos fatos. E Sobel, disse, "Eu era muito intolerante comigo quando me tornei rabino. O auto julgamento sempre foi severo e o sentimento de culpa, duradouro. Finalmente consegui me conscientizar de que o rabino é humano, portanto, falível. O incidente das gravatas é do conhecimento público, não preciso entrar em detalhes aqui... Tento me perdoar, o que não é fácil, porque perdoar não é esquecer. Se fosse, não haveria mérito no perdão".

No momento em que tantos se preocupam com sua Marca, Henry Sobel nos ofereceu uma lição definitiva de como reconstruir-se, e, reconstruí-la. Obrigado e adeus, rabino Henry Sobel, o bom ladrão. Jamais nos esqueceremos de sua derradeira lição. E vá em paz, homem de Deus. No dia 5 de julho de 2019, meu querido amigo Saul Faingaus Bekin, compartilhou comigo o seguinte texto, de autoria de Henry Sobel,

Urgência de Viver

"O que você fez HOJE é muito importante, porque você está trocando um dia de sua vida por isso. Esperamos demais para fazer o que precisa ser feito, num mundo que só nos dá um dia de cada vez, sem nenhuma garantia do amanhã. Enquanto lamentamos que a vida é curta, agimos como se tivéssemos à nossa disposição um estoque inesgotável de tempo. Esperamos demais para dizer as palavras de perdão que devem ser ditas, para pôr de lado os rancores que devem ser expulsos, para expressar gratidão, para dar ânimo, para oferecer consolo. Esperamos demais para ser generosos, deixando que a demora diminua a alegria de dar espontaneamente.

Esperamos demais para ser pais de nossos filhos pequenos, esquecendo quão curto é o tempo em que eles são pequenos, quão depressa a vida os faz crescer e ir embora. Esperamos demais para dar carinho aos nossos pais, irmãos e amigos. Quem sabe quão logo será tarde demais? Esperamos demais para ler os livros, ouvir as músicas, ver os quadros que estão esperando para alargar nossa mente, enriquecer nosso espírito e expandir nossa alma. Esperamos demais para enunciar as preces que estão esperando para atravessar nossos lábios, para executar as tarefas que estão esperando para serem cumpridas, para demonstrar o amor que talvez não seja mais necessário amanhã. Esperamos demais nos bastidores, quando a vida tem um papel para desempenhar no palco.

Deus também está esperando nós pararmos de esperar. Esperando que comecemos a fazer agora tudo aquilo para o qual este dia e esta vida nos foram dados".

É hora de VIVER!

Rabino Henry Sobel

Assim, e uma vez mais, e a propósito de seu passamento no dia 22 de novembro de 2019, na Florida, além de agradecer pela inesquecível lição, repito, Vá e descanse em paz, homem de Deus.

"Seo" Brandão

Dentre os melhores exemplos de Perennials brasileiros a figura legendária e emblemática de Lázaro de Mello Brandão, que nos deixou no dia 16 de outubro de 2019. Semanas antes de partir, ainda batia o ponto todos os dias no Bradesco, e na Fundação Bradesco, na Cidade de Deus, em Osasco.

Que tivemos o prazer e alegria de conhecer num almoço no restaurante da diretoria do Bradesco, anos atrás, e a convite do querido amigo Romulo Nagib Lasmar. "Seo" Brandão chegava todos os dias às 7h30 e só voltava para casa pouco depois das 17 horas.

Nos Estados Unidos, há 3 anos, a jornalista Gina Pell e a revista Fast Company decidiram tirar uma fotografia para ver os rostos que melhor representavam a chamada Flux Generation, a geração fluida, das pessoas que estão vibrando com a chegada do Admirável Mundo Novo e querem mergulhar de cabeça em todas as novidades e possibilidades inerentes e decorrentes do tsunami tecnológico.

E ao revelar a fotografia lá estavam, lado a lado, ele, Anthony Dominick Benedetto, do Queens, 3 de agosto de 1926, e, Stefani Joanne Angelina Germanotta, de Manhattan, New York City, 28 de março de 1986. Tony Bennett e Lady Gaga, 93 e 33 anos, 60 de diferença, mas, a mesmíssima atitude positiva e de participação em relação à vida e ao futuro. E os denominou Perennials.

O MadiaMundoMarketing decidiu fotografar a Flux Generation aqui no Brasil, e quando revelamos a fotografia lá estavam, Lázaro de Mello Brandão, Itápolis, 15 de junho de 1926, e, Larissa de Macedo Machado, Rio de Janeiro, 30 de março de 1993. "Seo" Brandão e Anitta, 93 e 26 anos, 66 anos de diferença, mas, a mesmíssima atitude positiva em relação à vida e ao futuro.

Em uma de suas últimas entrevistas concedida à Monica Scaramuzzo do Estadão, "Seo" Brandão foi perguntado sobre os elevados riscos que os bancos estão correndo. E "Seo" Brandão disse que os bancos vão sobreviver e que as fintechs jamais tirarão a importância e o papel dos bancos.

Declarou, "Essa mudança é decorrente das fases que o próprio mundo vive. Há uma expectativa geral de como e até onde serão as incursões legítimas dos novos agentes. Estamos atentos e vamos absorver tudo o que for de mais consistente e inovador...".

Nós, consultores do MMM, não estamos tão convencidos assim que os bancos vão sobreviver, mas temos o maior respeito e admiração pela obra monumental do "Seo" Brandão. Do que ele e seu parceiro inseparável fizeram pelo país no território da educação, mudando a vida para melhor, para muito melhor, de centenas de milhares de jovens brasileiros através da Fundação Bradesco. Foi mais ou menos assim...

Um dia, tomando café no bar da praça, e enquanto criavam um banco, no ano de 1943, na cidade de Marília, assumiram um compromisso. Ele e Amador Aguiar decidiram cuidar do legado desde o primeiro dia de funcionamento do Bradesco. Diferente, por exemplo, de Bill e Melinda Gates, de Warren Buffett, de Sam e Zuckerberg, que só depois de bilionários foram cuidar de seus legados.

"Seo" Brandão e Amador Aguiar colocaram em pé de igualdade, a extraordinária obra que iriam construir, com a edificação, em paralelo, do legado. A FUNDAÇÃO BRADESCO. Com a mesma competência e responsabilidade. Assim, ele, Lázaro de Mello Brandão, agora distante mais sempre presente, um dos Perennials favoritos dos consultores do MadiaMundoMarketing, e a quem homenageamos neste livro.

CAPÍTULO 8

Inovar É Preciso, Viver Não É Preciso

Gradativamente, e em todo o mundo o tal do estado moderno que de moderno não tem nada, caminha para se converter num prosaico aplicativo. Enquanto pessoas com os pés e a cabeça no passado, tentam impedir que a ciência e a tecnologia debelem, por completo e para sempre, a fome no mundo.

Agora, qualquer um pode realizar o sonho de ser banqueiro. E a MERCEDES dedicou um dia todo do ano para ouvir seus clientes, enquanto milhões de empresas dedicam todos os dias do ano.

MENIN, um dos empresários deste início de século, jogando sua maior cartada, fazendo sua maior aposta: CNN BRASIL. E os COSPLAY invadem a cena.

Quem diria, as marmitas voltaram com tudo. E agora é recomendado só namorar mediante contrato assinado e com tudo previsto. Até mesmo do amor dar certo...

Festas do pijama ocupam a ociosidade de grandes hotéis, e BACIO DI LATTE traz lições inestimáveis de como as pessoas pagam quando reconhecem qualidade.

Silicon Valley, Think Tanks, Academias, e Estado Aplicativo

O lugar onde menos se trabalha a distância é o lugar onde todos imaginam que é onde mais se trabalha a distância... Silicon Valley. Além de um ambiente corporativo machista e tóxico, o Vale do Silício é um dos piores lugares do mundo em termos de qualidade de vida, e, em contrapartida, um dos mais caros, também. De 2000 a 2020, uma mesma casa que custava US$ 800 mil, hoje custa US$ 1,3 milhão em San Francisco. Na cidade de San José, a que mais traduz o Vale, uma mesma casa saltou de US$ 700 mil para US$ 1,2 milhão. Já na Califórnia, estado, os aumentos foram menores. Essa mesma casa que custava US$ 700 mil hoje custa menos de US$ 1milhão.

Quando as primeiras empresas da nova economia foram se instalando na região, e conscientes que mais cedo ou mais tarde teriam problemas, criaram um Think Tank batizado de Silicon Valley, hoje comandado por Russell Hancock. Objetivo, acompanhar e antecipar soluções para as questões econômicas políticas e sociais que inevitavelmente emergiriam na região, diante de um crescimento espetacular e desordenado. Quase uma Serra Pelada... Fez o que pôde.

Trouxe este assunto para comentar com vocês por dois motivos. O primeiro, para falar das loucuras que vêm acontecendo hoje numa das microrregiões mais prósperas do mundo, e onde o profissional que comanda a Think Tank que procura dar ordem na bagunça é otimista: "Somos uma economia pujante e temos alguns problemas, mas todos têm solução". E a segunda, para conversarmos um pouco sobre a instituição Think Tank. Muitos pensam tratar-se de uma solução dos tempos de hoje. Em verdade, é uma das manifestações de cidadania e coletividade mais antigas apenas, voltou à moda. Formato que deverá multiplicar-se ao infinito, na medida em que os cidadãos empoderam-se, apoderam-se, e, detonam um estado a caminho de se converter num singelo e eficaz aplicativo.

Think Tank é o que o nome diz. Pessoas que se reúnem numa associação – como se fosse um Tanque – para pensar e discutir questões comuns e do interesse de todos. As traduções para Think Tank vão desse fábrica de ideias, e passam também por círculo de reflexão, ou laboratório de ideias.

Os primeiros Think Tanks são dos anos 800, no tempo do imperador Carlos Magno. Muitas vezes, como lugares de mediação e discussão de um melhor encaminhamento para os conflitos que se estabeleciam entre reis e monarquias e a Igreja Católica. Quase sempre, para tentar aplacar a voracidade tributária e arrecadatória da Igreja. Todo o processo da chamada Reforma Protestante foi pontuado entre os séculos XVI e XVII por diferentes Think Tanks. Um pouco mais adiante Think Tanks e Academias confundiam-se. Cabia a cada um dos organizadores escolher a denominação que lhe agradasse mais.

Quando decidimos criar a Academia Brasileira de Marketing, há 15 anos, nossa preocupação era juntar 40 empresários e profissionais que tivessem no marketing sua ideologia e se dispusessem a alocar parcela de seu tempo, inteligência e conhecimento na sua verdadeira e melhor disseminação. O único e verdadeiro marketing, que brota no ano de 1954, nas páginas do livro Prática de Administração de Empresas, do adorado mestre e mentor Peter Drucker.

Em todos os próximos anos, assistiremos uma multiplicação quase que ao infinito de Academias e Think Tanks, preparando o fim do Estado tal como conhecemos até hoje, e em direção ao Estado Aplicativo. Think Tanks e Academias, as pontes de transição entre o velho mundo, este que ainda vivemos e encontra-se em seus estertores, e o admirável mundo novo que começa a nascer. E enquanto não temos o Estado Aplicativo. Que um dia carregaremos em pen drives ou nos smartphones, e que nunca mais precisaremos de quem quer que seja para não nos atender, tratar mal, e em sua voracidade, arrancar tudo o que ganhamos.

176 • MARKETING TRENDS 2021

Até hoje, perplexos, não conseguimos entender como nos deixamos aprisionar numa roubada monumental e que é o estado brasileiro. Assim, e por essa razão, a Reforma Administrativa é a mãe de todas as reformas. Sem a Reforma Administrativa, todas as demais terão seus potenciais efeitos positivos reduzidos a migalhas. E é onde temos que nos concentrar nos anos 2020. Vamos nessa!

Em Defesa do Feijão

Há 50 anos, a única maneira de garantir alimentação para os habitantes da terra eram doses cavalares de pesticidas e herbicidas. Um horror, mas, o que tínhamos. Alternativa, morrer de fome. Nas guerras as pessoas alimentavam-se de ratos... Nenhum de nós, sob o domínio da fome, tem ideia do que é capaz de fazer. Capaz de comer. Ainda agora, e na Venezuela, catam as sobras nos caminhões de lixo.

De 30 anos para cá evoluímos. Novas e espetaculares conquistas como o CRISPR CAS9. Uma fantástica realidade. Intuído e anunciado através do pesquisador da Universidade de Alicante Dr. Francis Mojica, em 1993, dominado em decorrência do Projeto Genoma Humano, 2003, e a partir de 2012, as pesquisadoras Jennifer Doudna e Emmanuelle Charpentier comprovaram: é possível corrigir-se os erros da natureza como se estivéssemos realizando um prosaico remendo. Agora tesoura, agulha, dedal e linha para os necessários remendos ou correções. Para resgatarmos e cerzirmos a vida.

Quase que simultaneamente, e nos Estados Unidos, como conta o Dr. Drauzio Varella, o cientista Feng Zhang ligou e desligou um por um os 20 mil genes humanos presentes em células de melanoma maligno, com o objetivo de elucidar o mecanismo de resistência do tumor a determinadas drogas. A possibilidade de silenciar genes causadores de enfermidades genéticas encontra-se na próxima esquina. Amanhã. Assim, e depois da medicina curativa, depois da medicina preventiva, agora a Medicina Corretiva. Viveremos muito mais, com muito mais qualidade de vida. Mens sana in corpore sano. Novas e necessárias reformas da previdência pela frente.

Hoje temos e dominamos o mapa de todas as espécies. Sabemos como fomos construídos. E conseguimos corrigir os pequenos descuidos da natureza, ou, quem sabe, de Deus... Em menos de 10 anos nenhum ser humano morrerá de fome. O mesmo CRISPR que corrige salvando vidas possibilita fartura e qualidade em todas as demais espécies. A maior revolução de todos os tempos na agricultura.

Teremos comida saudável e farta para todos. Em 1800, os quase 1 milhão de habitantes da terra passavam fome. Muitos morriam de. Em 2100, os mais de 11 bilhões de habitantes só morrerão de fome se optar pelo suicídio. Vacinas para plantas como existem as vacinas para as pessoas. E essa vacina chama-se revolução pela conquista de todos os benefícios da transgenia, os tais dos alimentos transgênicos. Alimentos que sobrevivem e prosperam, e não precisam ser regados de venenos químicos. Modificados revelam-se o suficientemente fortes para enfrentar pragas de toda a ordem. E mais adiante, nem mesmo será necessário modificar o DNA dos alimentos. Com as novas técnicas e conquistas, apenas procederemos às correções. Como se fossem rabiscos que apagamos com a borracha...

Mas a multidão de ignorantes e desinformados, a mesma galera que é contra vacina e não vacina seus filhos, continua amaldiçoando os abençoados transgênicos, e que estão evitando dezenas de milhões de mortes por fome nas diferentes partes do mundo.

Meses atrás a grande discussão e perda de tempo maior, dizia respeito ao lançamento do Feijão Transgênico, uma nova e fantástica conquista da Embrapa. A Embrapa pretende ver sua conquista utilizada em todas as próximas plantações de feijão. Mas, ignorantes e inconsequentes bradam contra essa abençoada e redentora conquista. Na tentativa de atenuar a ação dessas pessoas a Embrapa informa que sua mais nova conquista, é um passo adiante e melhor do que as primeiras iniciativas na produção de alimentos transgênicos. Nesta nova geração de transgenia, a Embrapa esclarece que seu Feijão Transgênico teve seu genoma alterado para estimular a reação da planta à infecção pelo vírus, mas nenhum gen estranho ao feijoeiro foi introduzido.

Ou seja, estamos diante de uma das primeiras utilizações do CRISPR CAS 9 em todo o mundo, e numa espécie vegetal. Assim, tudo o que temos que fazer, mesmo, e de verdade, é comemorar e saudar a conquista. E parar de alimentar néscios, apedeutas, e desocupados.

Seja Banco!

A agonia dos grandes bancos avança mais. A febre sobe! Agora, e no mercado financeiro, a disrupção da disrupção. O desespero dos grandes bancos diante do ataque das fintechs agora escancara-se. As fintechs, à semelhança dos cupins, atacam e comem por baixo. Centenas...

As Bighttechs, não batem na porta e nem pedem licença. Vão invadindo: Google, "Feice", Apple... Todos concorrendo com propósitos assassinos indisfarçáveis... Antigos parceiros viram as costas e mandam ver no território antes e supostamente exclusivo dos bancos: Pernambucanas, Marisa, C&A, Renner, Luiza, Riachuelo... E ainda, por cima, por baixo, por todos os lados, as maquininhas mandam ver... E aí, as diretorias dos bancos que sofriam caladas e com a boca fechada, agora começam a se manifestar dando a sensação de que se preparam e treinam para as desculpas públicas que terão que dar brevemente, quando o derretimento escancarar-se.

Semanas atrás, e no primeiro capítulo do segundo tempo, da disrupção da disrupção o Banco Máxima, sobre o qual poucos ouviram falar tantos são os novos bancos, lançou a plataforma Be Bank. Isso mesmo, Seja Banco!

Conclusão, com essa plataforma qualquer Zé Mané ou empresa do país pode oferecer serviços financeiros e bancários para seus clientes, funcionários e fornecedores. Se o seu sonho era ter ou ser um banco... Em verdade, a plataforma tem por trás diferentes agentes e instituições financeiras que passam pela fiscalização e controle do Banco Central. Mas, na aparência, vitrine, face pública, as novas e centenas, talvez milhares, de empresas bancos assim se apresentam a muitos de seus públicos. Mais ou menos como faz a Luiza no varejo. Quem quiser, diante de poucas condições, pode ser um revendedor Luiza e ter uma loja em seu portal. Uma espécie de Market Place de milhares de bancos.

Assim, e como explica, Yan Tironi, CEO do BBNK, a designação da plataforma do Banco Máxima: "Qualquer empresa que queira criar uma fonte alternativa de receitas, de qualquer setor, vai poder oferecer os serviços financeiros e bancários com a própria marca e para o público de seu relacionamento".

Brevemente, e ao lado de sua casa, o Banco da Terezinha (a que só vendia frutas, lembra), o Banco do José (açougueiro, seu querido amigo), o Banco do Pedro (padaria, o do pão de queijo), e o Banco da Ignês (da floricultura, e onde você comprava flores todos os dias para sua namorada). Dentre outros... Sem falar no Maciel, aquele seu cunhado que você não suporta, agora é banqueiro... Vai faltar cliente!

Pobre Mercedes

A EMPRESA QUE PRECISOU PARAR PARA OUVIR O CLIENTE...
UM DIA DE NOVO, E TODOS OS DEMAIS DIAS DE VELHO,
OU ISSO E NADA É A MESMA COISA, TALVEZ, PIOR

Li, dia desses, perplexo, a iniciativa da Mercedes. Matéria do *Jornal Valor*. O título era, "Montadora paralisa produção para ouvir o cliente". What???!!! Precisa parar a produção para ouvir o cliente?

Não permanece 100% disponível e com atenção voltada para ver, ouvir, falar, observar, interagir, com todos os seus clientes? Não!? Precisa parar!? Para um dia e depois todos os demais mergulhada dentro à semelhança de antigos pássaros pernaltas, originários da África e conhecido com o nome de Avestruz.

A matéria é inacreditável. Ilustrada por uma foto. Onde centenas de funcionários parados, em pé, para ouvir os clientes... Corta e vai para uma sala. Lotada e para falar sobre garantia de peças. Na sala o gerente da Brinks, clientes da Mercedes, dizendo o quão importante é um veículo carregado de dinheiro não permanecer parado na estrada por uma quebra em uma de suas peças. Segundo a matéria, e dentre os presentes, o mais atento é o presidente da Mercedes, Philipp Schiemer.

E aí, vem o texto principal da matéria e que diz, "Numa inédita ação de marketing, Schiemer abriu as portas das fábricas de São Bernardo do Campo, Campinas, e Juiz de Fora para receber os clientes". Todos os mais de 10 mil funcionários pararam os trabalhos à tarde para participar do evento que contou até com uma palestra de um representante da Disney para contar como se seduz cliente... A Mercedes batizou essa iniciativa de Dia D, e que, segundo a empresa, levou 6 meses para ser planejada...

Prezados amigos, paro por aqui. Me sinto absolutamente constrangido e envergonhado. Absolutamente inacreditável, nos dias de hoje, uma empresa ter essa iniciativa eventual, excepcional e pontualmente, quando deveria ser sua rotina diária e sempre. Sem jamais precisar parar. Ver, ouvir, sentir, conversar com os clientes, antes, durante, depois, sempre, o tempo todo...

Depois me perguntam por que as grandes empresas estão naufragando... Não têm a mais pálida noção do que está acontecendo e assim, caminham, inexoravelmente, para o desaparecimento. Os tais "barcos contra a corrente, de Scott Fitzgerald, arrastados incessantemente, para o passado".

CNN Brasil e MRV

Fernando Pessoa dizia: "O homem é do tamanho de seu sonho", ou "sem a loucura que é o homem?". E assim, e dando asas a sua componente de quase loucura, o empresário de maior sucesso dos dias de hoje do mercado imobiliário brasileiro subiu no mais alto trampolim, e saltou em direção a uma piscina supostamente com água, mas onde desapareceram sob o olhar de todos, importantes e tradicionais players, nos últimos anos.

Exalando coragem e determinação, a semelhança de um Jeff Bezos que comprou o *The Washington Post*, decidiu encarar o maior dos desafios da atualidade, e lançou, no início de 2020, a CNN Brasil. Não precisava. Já está na relação dos bilionários brasileiros, tem um banco de sucesso, é o dono da MRV – líder absoluta no território do Minha Casa Minha Vida, imóveis populares, sem nenhum concorrente mordendo os calcanhares e muito menos visível a centenas de quilômetros de distância, mas o bicho carpinteiro do empreendedorismo falou mais alto, a vida estava passando e ficando monótona, e Rubens Menin decidiu agregar doses substanciais de emoção a sua vida.

Em matéria recente no Estadão, Menin explicou e esclareceu seu aparente delírio empresarial: "Era uma obrigação. Temos que mudar a cultura do brasileiro e que é muito para dentro, introspectivo... Parece que tem vergonha de participar, de dar opinião... Chegou a hora de o brasileiro botar a cabeça para fora, participar, dar opinião... Precisamos unir o país... Nenhum país tornou-se potência mundial sem união nacional... A CNN Brasil nasce com esse propósito. Pautar as discussões sobre e em nosso país...". E, na sequência, detalhou seu sonho...

"Queremos fazer uma boa imprensa. A imprensa pode ser opinativa, não existe nada de errado nisso. Mas, jamais distorcer os fatos. Teremos uma grade semelhante a CNN americana mais tropicalizada. Queremos ser construtivos dentro dos melhores princípios da ética e da moral...". E, como diria Fellini, La Nave Vá... Até onde? Com um Dom Quixote no leme, e seus 400 jornalistas marinheiros. Dentre outros, e como principal âncora, William Waak.

O que eu acho? Dificílimo, complicado, bonito, épico, histórico, inspirador, patético. Chances de sucesso reduzidas. E ainda, pela característica do novo negócio, possibilidades grandes de contaminar os demais negócios de Menin, todos de grande sucesso. Tudo o que certamente conseguirá é atenuar um pouco as terríveis dores que acometem a imprensa do país, no curto prazo. E levar algum alento aos sobreviventes... Mais combalidos, debilitados, moribundos, quase todos.

Mais adiante, o naufrágio, em princípio, é a maior probabilidade. Tomara, mas tomara mesmo que eu esteja completamente errado, e que aconteça o que aos meus olhos, hoje, parece um milagre impossível. Boa sorte, CNN Brasil. Mais que torcer, rezando por vocês.

Cosplay World

Isabella, adorada netinha, dos netos, a primeira que chegou, quando completou três/quatro anos os pais Vanessa e Fabio decidiram contratar as princesas para animar a festa. Lá se vão mais de 11 anos. Não sabia, mas contrataram COS. Se a festa fosse hoje, ao COS – de Costume, Fantasia –, viria, o Play, de atuar, interpretar, e assim contratariam princesas Cosplay.

Não apenas fantasiadas, mas impregnadas e empoderadas nos olhares, caminhares e falares, de um comportamento semelhante às princesas originais.

Tenho pena de Papai Noel. Nunca passou de um Cos meia-boca. Quando do primeiro aniversário da Isabella contrataram Barney. Apenas COS, sem o Play. Era um homem estranho, com indisfarçável sobrepeso. Um Barney Gordão! As crianças recusavam-

-se a sair do carro e entrar na festa. Pagaram o Barney e pediram educadamente que fosse embora, caso contrário, teriam de cancelar a festa. E assim Cosplay virou um big business. Um big business de dezenas de milhares de pequenas empresas com seus milhares de atores amadores que se fantasiam e vivem os personagens.

Dentre as muitas empresas a Joystick que representa mais de 150 cosplayers. O Brasil Game Show, maior feira de games da América Latina tem um espaço específico onde se exibem e concorrem os cosplayers. A Central Cosplay hoje mantém um casting fixo de 10 cosplayers – Homem Aranha, Batman, Arlequina – que protagonizam mediante cachês entre R$ 400 e R$ 800. E em todos os meses de dezembro, no Comic-Con que se realiza em São Paulo desde 2014, e já é o terceiro maior do mundo, com atrações locais e internacionais, durante três dias torna-se na maior passarela de cada ano para o desfile de centenas de Cosplayers.

Tirando as componentes de business e do quanto a atividade cosplay agrega ao mix promocional às empresas, e neste final, nos vem a pergunta que deixamos com vocês. Será que cada um de nós, a maior parte do tempo, para fugir das encrencas, constrangimentos, chatos em geral, não acaba transformando-se em cosplays de nós mesmos? Desconfio que sim...

É isso amigos. Cosplaying sempre que necessário e na falta de melhor alternativa.

Brasil Marmita, Ou, o Novo Olhar nos Negócios de Alimentação

Há exatos 10 anos, num dia como o de hoje, as principais redes de alimentos no mundo e no Brasil, antes do advento dos aplicativos de entrega de comida, dariam sequência aos seus planos de crescimento mediante novas lojas próprias, ou através de franchising. Hoje, não descartam essas possibilidades, mas, muito mais como ilhas de produção e suporte para regiões específicas, do que como mais uma loja, de duas ou três centenas de uma mesma bandeira.

Delivery, anos atrás, era um detalhe. Hoje, e muitas vezes, a razão de ser. Delivery senta na mesa com lojas próprias e franquias. Mais ainda, é pensado isoladamente, em conjunto com as duas alternativas, e muitas vezes, é o fator determinante da localização de uma nova loja.

Depois que comprou a rede Domino's, a Vinci Partners detalha seu plano de expansão. Pretende investir R$ 250 milhões nos próximos cinco anos. Dos atuais 241 pontos de venda, pretende aproximar-se do dobro, 500. Primeira correção procedida pelos novos controladores. Investir no maior mercado do Brasil. E assim, e por decorrência, a fábrica de massas é transferida do Rio para São Paulo. Nessa etapa de crescimento e ocupação de mercado, primeiro lojas próprias, onde é possível integrar a operação de delivery com maior qualidade e controle.

Quando fala sobre os planos, Carlos Eduardo Martins e Silva, sócio da Vinci e presidente da Domino's, acaba conduzido a conversa para uma espécie de Nova Domino's, com o prevalecimento de aplicativos e delivery. Diz ele que sua empresa vai recorrer intensamente à tecnologia em seu processo de expansão. "Nos Estados Unidos, explica Carlos Eduardo, é possível comprar-se uma pizza mediante um único clique no aplicativo. Ou, até mesmo, enviando um emoji".

Assim, amigos. Todas as empresas desse território permanecem em reuniões seguidas de reuniões. Especificamente em nosso país, o negócio passa por uma revisão radical em sua compreensão e entendimento. Primeiro, por todas as possibilidades decorrentes da tecnologia e que essas redes poderiam usar dependendo exclusivamente delas. Depois, pela multiplicação dos aplicativos de entregas que provocaram uma revolução no negócio, e diminuindo o número de vezes que as pessoas dispõem-se a ir até as lojas.

INOVAR É PRECISO, VIVER NÃO É PRECISO • 185

Portanto, e a partir de agora, diminuem a importância das lojas, e, nas novas, uma revisão drástica em seus tamanhos. Muito especialmente nos espaços de atendimento. E naquelas que forem cabeças de ponte de operações de delivery, mais espaços para as áreas de preparo.

Acabou? Ainda não. Até aqui só me restringi ao que vem acontecendo hoje, em maiores e menores proporções, em todo o mundo. Mas tem um terceiro e poderoso fator e que é específico do Brasil e da crise conjuntural que estamos amargando desde 2014. Os milhões de desempregados recorrendo a atividades circunstanciais para pagarem a conta e sobreviverem. Alguns virando motoristas do Uber e outros, e, principalmente, outras e outros, transformando a cozinha de suas casas em área de preparo de alimentação para profissionais nas empresas. E depois do COVID 19, então...

Assim, e nas grandes áreas de concentração de empresas vai nascendo e prosperando o Brasil Marmita. Agora não mais de alumínio, de plástico descartável. Não aquelas marmitas que as famílias compravam nos anos 1950, 1960, de donos de pensões que forneciam marmitas. As novas marmitas, pequenos recipientes de plástico, com uma porção generosa, produzida na cozinha das famílias desempregadas, e que são vendidas e entregues aproveitando-se das possibilidades do whatsapp, aos profissionais e em suas empresas.

Apenas na região da Avenida Paulista, na cidade de São Paulo, uma explosão do Brasil Marmita. Com mais de 100 famílias organizadas, fornecendo alimentação para os profissionais que ali trabalham. Marmitas vendidas entre R$ 8 e R$ 15, com alimento pronto e ou congelado a vontade do freguês, cardápio do dia e variado no caso dos congelados. Nos restaurantes da região, desde o início do ano passado e mesmo antes da pandemia, uma queda superior a 20% no movimento. Os donos do restaurante com que conversei atribuem isso a crise e a falta de dinheiro. Não estão totalmente errados, mas ainda não conseguem ver a invasão das marmitas... Essa é a nova realidade do negócio da comida em nosso Brasil doente e mergulhado na pior das crises dos últimos 100 anos.

Tudo o que escrevemos até aqui se referia ao mundo pré Coronavírus, repito. Agora, então... O Brasil Marmita. Ou melhor, O BRASIL MARMITOOOUUUUU...

Contrato de Namoro

Nietzsche, dizia: "Aquilo que se faz por amor está sempre além do bem e do mal". Em Chorus Line, a personagem Rose com a ajuda de todo o Chorus Line cantava, pela ordem, a 14ª canção do roteiro, e em que dizia, "But I can´t regret, what I did for love, what I did for love...". Mais ou menos, e muito mais durante, e muito menos depois... Talvez, melhor, Clarice Lispector: "Porque eu fazia do amor um cálculo matemático errado: pensava que, somando as compreensões eu amava. Não sabia que, somando as incompreensões é que se ama verdadeiramente...".

O fato é que a geração espremida, o miolo do sanduíche, e que pega o final dos Xs e o início dos Ys, a galerinha na faixa dos 40, hoje, onde se quebram todos os recordes de separação pelas mudanças totais num ambiente e mundo disruptados, colocou os integrantes dessas gerações, e por reflexo, os de todas as demais, de orelha em pé. E assim, todo e qualquer relacionamento é cercado de cuidados.

Como decorrência dessa nova realidade, e que vai continuar por um bom tempo, muitos casais que comemoraram em junho, no Brasil, e em fevereiro, nos Estados Unidos, o "Valentine's day", dia dos namorados, não só preferem postergar eventuais casamentos como e mais, não seguem adiante sem um... Sentados?!... Isso mesmo... Contrato de Namoro! Vocês leram bem. Agora existe o Contrato de Namoro! Um novo business que está fazendo a felicidade de algumas bancas de advogados. Gatos escaldados morrem de medo de água fria!

INOVAR É PRECISO, VIVER NÃO É PRECISO • 187

Amigas e amigos que no passado moravam juntos com seus companheiros – Apenas Namorados - comportavam-se como se casados fossem, caiam no chamado "crime putativo" – calma, não se trata de palavrão – tudo aquilo que pelas aparências se supõe real. E um dia decidiam pular fora do relacionamento, e semanas ou meses depois recebiam uma notificação judicial exigindo a partilha dos bens... Conclusão, e daqui para frente, namoro só no papel. E assim nasceu o Contrato de Namoro.

Fernanda Haddad é advogada associada de contencioso civil e Wealth Management do escritório Trench Rossi Watanabe. Falou ao Valor: "O contrato de namoro serve para preservar as partes de impactos matrimoniais morando juntos ou não. Se houve uma relação de que familiares e amigos tinham conhecimento uma das partes poderá alegar que viveu em união estável e, com base nisso, exigir parte dos bens".

E como o regime-padrão das partilhas na união estável é o da comunhão parcial, cônjuges que adquiriram bens durante namoros correm risco de ter que dividi-los... "Para se ter uma ideia da dimensão das separações na geração ensanduichada, os Quarentinhas, e a nova modalidade de contratos, um dos maiores escritórios de advocacia de São Paulo, Matos Filho, criou um departamento específico com 16 advogados exclusivamente para cuidar dessas situações...".

Dois comentários e aprendizados. Todos nós, empresários, profissionais, estudantes empreendedores, como seres humanos, precisamos saber dessa novidade e eventualmente considerar diante de prováveis e insuportáveis impactos futuros em nossos negócios. E o segundo, qual o impacto no comportamento de consumo desses novos casais de namorados que não necessariamente e um dia se casarão.

E, dentre as histórias contadas sobre o assunto, um caso verídico relatado por um dos advogados da Matos Filho, no dia dos namorados de 2018: "Uma vez, um pai solicitou um contrato de namoro, e, no momento da assinatura, a contraparte, leia-se, espertalhão, desistiu de assinar, leia-se, pulou fora, depois de ler os termos e percebendo que entraria no namoro como saiu: com os bolsos vazios". Na educação típica dos advogados, e a explicação, "claramente havia um interesse patrimonial...".

De qualquer maneira, e independente de outras considerações, aproveitem sempre os próximos dias dos namorados seja qual for a situação de cada um de vocês. Até mesmo os que são Sologâmicos. Que se casaram consigo mesmo. E que lá atrás chamávamos de solitários. Mas, tempos de rebatizar tudo, e reconsiderar sempre... Como aprendemos com os americanos, Take Care, repetimos no Brasil... Cuidem-se!

Festa do Pijama

Diante da vazante nos hotéis do Rio de Janeiro, em decorrência da crise estrutural do mundo com o advento de Airbnb e assemelhados, com a crise conjuntural do Brasil – tsunami Dilma e desastre econômico de 2014, para cá –, e ainda a crise específica do Rio de Janeiro, os hotéis não pararam de imaginar soluções paliativas para resistirem e sobreviverem às duas crises, e na expectativa de tempos melhores, mais adiante.

No ano passado alguns hotéis do Rio decidiram abrir seus terraços para os habitantes da cidade, para que lá realizassem happy-hours e outras comemorações. Mais adiante, a notícia disse respeito a mais uma iniciativa nessa direção. Hotéis atraindo famílias para que realizassem as tais das Festas do Pijama de seus filhos em suas acomodações.

Em matéria no O Globo meses atrás a notícia que o hotel LSH no Rio de Janeiro, decidiu abrir suas portas para as Festas do Pijama. Entrei no site do hotel para ver se encontrava esse serviço com essa denominação, mas não encontrei. Apenas a alternativa Day Use, onde pessoas podem usar as chamadas áreas comuns – piscina, academia e bares das 11h às 18h. Assim fiquei com a matéria de O Globo, assinada pela Ludmila Lima. E aí, e não obstante meu tempo de vida e experiência, fiquei perplexo com algumas das informações na matéria; mas, business is business, e temos que respeitar. Por outro lado, nada mais justo e merecido que desenvolverem-se formas de monetizar e rentabilizar grandes investimentos, como são as instalações de um grande hotel.

A matéria começa com o depoimento de uma cliente, a cirurgiã dentista Anni de Castro. Quando a filha diz para ela que gostaria de merecer uma Festa do Pijama no aniversário. Entrou em pânico imaginando o que iria acontecer com sua casa e decidiu-se por uma abordagem mais profissional.

Dias depois a filha ganhava sua festa num dos grandes quartos do LSH com suas 10 amigas. Com direito a guerra de travesseiros, e cabaninha de unicórnio. Esse novo serviço do hotel começou em agosto do ano retrasado, já foram realizadas mais de 40 festas, e algumas datas têm reservas com até seis meses de antecedência. Preço: entre R$ 5 a R$ 15 mil, dependendo da montagem.No pacote, brindes para as amiguinhas. Nécessaires, camisolinhas lilás customizadas, tapa olhos, arquinhos, bichos de pelúcia.

Lia Coutinho, gerente de marketing do hotel, deu o seguinte depoimento: "Alguns pais já desembolsaram R$ 150 mil para instalar 50 cabanas pretas com neon nos salões, incluindo piscininhas privativas..."; E completou, "em momentos de crise, quase sempre usamos as suítes que permanecem fechadas por muito tempo. Ah! Temos também cabaninhas iglu com plug para smartphones". Na matéria, a informação de que o Copacabana Palace também realiza esse tipo de evento.

Assim como o Hilton Barra. Ou seja, amigos, e independente de tudo, o Rio continua uma festa. E suas empresas fazendo tudo para se preservarem enquanto a crise resiste, para novos e futuros Days of Wine and Roses, como dizia a música, anos mais adiante. E aí termina o Carnaval, e começa a CoronaCrise. Nem hóspedes, nem terraços e muito menos festas de pijama. A hotelaria em todo o mundo está devastada. E no desespero algumas redes hoteleiras sacam camas dos quartos, improvisam escritórios, e tentam converterem-se em cosplays de coworks. Como solução de emergência, pra quebrar o galho...

Mais que na hora de alguns business reinventarem-se por inteiro, e desistirem de "gambiarra solutions".

Bacio di Latte

Durante décadas nos acostumamos a ouvir que brasileiros não gostavam de sorvete. É verdade. Não gostavam de qualquer sorvete. Para o consumo do dia a dia todas as cidades brasileiras tem de 1 a 5 pequenas fábricas que produzem os tradicionais picolés, que vendem por 1 ou 2 reais, e dão para o gosto. Os industrializados tipo KIBON fazem algum sucesso, mas nada que justifique pagar 4 ou 5 reais por um picolé contra o 1 ou 2 das fabriquetas locais. Porém, e diante de sorvetes de reconhecida qualidade, muitos acabam fazendo um sacrifício, gastando bem mais do que estão acostumados a pagar por um sorvete, mas, e ocasionalmente, mergulham de cabeça.

A história da gelateria BACIO DI LATTE é um ótimo exemplo que brasileiro adora sorvete desde que de excepcional qualidade. Chegou silenciosamente no ano de 2011, numa pequena sorveteria, na Rua Oscar Freire, depois da Peixoto Gomide, e em meio a pequenas lojas e restaurantes. Sua fama correu de boca em boca, entre uma lambida e outra. Em poucos meses era um tremendo sucesso. Segundo a narrativa no site da gelateria, a história começa no ano de 2009 quando um dos sócios Edo Tonolli, apaixonado pela cultura brasileira, embarca num projeto voluntário em hospitais filantrópicos no nordeste do Brasil. Sertão do Araripe. Da cidade de Milão, Edo, como é chamado, trabalhava numa corretora de valores. Um dia jogou tudo para cima, descobriu a fundação de filantropia Marcelo Candia, e acabou desembarcando numa missão social em nosso país.

Cabia a EDO orientar em finanças os hospitais do nordeste brasileiro na busca de uma melhoria de gestão. Hospedou-se no convento da cidade de QUIXADÁ, da ordem das irmãs missionárias da Imaculada Conceição. De lá se mudou para o mosteiro beneditino da mesma cidade. Depois de seis meses retornou a Itália. No ano seguinte faz uma viagem com seu irmão GIGI a PORTO-FINO e lá se reencontram com um antigo amigo, o escocês NICK JOHNSTON, que já havia morado no Brasil e os três decidem voltar e empreender. Nasce BACIO DI LATTE na Oscar Freire... Oito anos depois, um faturamento de 220 milhões de reais, de suas 130 lojas. Nos próximos meses pretende abrir mais 40 unidades e alcançar a marca de 200 em no máximo dois anos. Depois do sucesso no Brasil duas lojas foram abertas nos Estados Unidos – LOS ANGELES – e os planos preveem um crescimento acelerado naquele país durante a próxima década... Nada disseram ainda sobre uma revisão nos planos pós-pandemia...

Mesmo sendo sucesso desde o primeiro dia, a BACIO DI LATTE perdia a venda de milhares de sorvetes a cada dia porque as pessoas, pela qualidade e design das lojas, acreditavam que um copinho não sairia por menos de R$ 20 reais... Com o preço na placa as restrições imaginárias caíram e o movimento duplicou... Decidiram então, ao invés de tentar comunicar de uma forma mais elegante, apelar para uma discreta mais eloquente tabuleta. Sim, brasileiro gosta de sorvetes. O básico, para o dia a dia, e o de excepcional qualidade, para momentos especiais e passeios. BACIO DI LATTE, um espetacular caso de sucesso no território dos sorvetes que, supostamente, os brasileiros não gostavam.

CAPÍTULO 9

Balanço de Categorias

As grandes instituições dos últimos 100 anos começam a despedir-se. Lojas de departamentos, por exemplo, tipo SEARS. Enquanto nós, devidamente reinventados enquanto consumidores, achamos justo pagarmos R$200 por um quilo de café. Devidamente encapsulado.

E o mundo redescobre as RODAS-GIGANTES, e prepara-se para a inauguração da OLHO DE DUBAI... capaz de transportar com absoluto e inimaginável conforto, 1.400 passageiros simultaneamente. Enquanto as grandes corporações esmeram-se no "jogo do bafo" enquanto agonizam.

Como o GOOGLE, com seu ANDROID, vai dominando o território dos smartphones, e insinuando-se, silenciosamente, em todos os demais gadgets. E a guerra do frango segue a todo o vapor.

O varejo em geral, de todos os tipos, em processo irreversível de derretimento. E os PCs, provisoriamente redescobertos em função da pandemia e do TAD – Trabalho a Distância – com milhões de interrogações sobre o futuro que os aguarda.

Todos, menos os ESTADOS UNIDOS, apostando na CHINA. E os SHOPPING CENTERS, mesmo com muitos ainda e às vésperas de serem inaugurados, mais que carecendo de radical reinvenção.

Sears, Agoniza, e...

O ano era 1978. Nelson Sargento profundamente incomodado com a invasão de músicas de diferentes origens e nacionalidades ocupando e apoderando-se das ondas do rádio. Sentou e mandou ver. Beth Carvalho gravou... "Era para os compositores da época não se entregarem. Sempre fizeram samba. Correndo ou não da polícia. Movimentos passam. O samba, não. É uma instituição e não vai passar nunca", lembra Nelson... "Samba, agoniza, mas não morre, Alguém sempre te socorre, Antes do suspiro derradeiro...".

Noventa e dois anos antes, 1886. Richard Sears, chefe da estação de trens de North Redwood, nas horas vagas vendia produtos de terceiros. O negócio cresceu. Alugou um galpão, para armazenar os produtos que vendia para as pessoas que moravam longe, através de catálogos enviados pelo correio. Os produtos eram entregues pelo trem. Antes da virada do século tinha inventado as vendas a distância e as vendas por catálogo, e o galpão convertendo-se, com as portas abertas, na primeira Loja de Departamentos da história.

No final de 2018, quase 130 anos depois, a Sears foi a leilão. O negócio definha. Um dos interessados queria comprar o que sobrou, o chamado inventário, vender todas as lojas, e a Sears seria apenas e tão somente uma fotografia na parede, um registro histórico e emblemático nos livros de administração e do marketing, e... Desaparecendo para sempre. Essa era a proposta da Abacus Advisory Group. Felizmente, perdeu. Venceu a do bilionário Edward Lampert, gestor de fundo hedge, que melhorou sua oferta de US$ 4,4 bi para US$ 5,3 bi, e contemplando em seu plano a recuperação – praticamente impossível da Sears – e mantendo abertas 400 lojas. Para os saudosistas e emotivos, alguns anos a mais para se despedir da primeira loja de departamentos da história.

Doze anos. Exatos 12 anos foi o tempo necessário e suficiente para o quase total derretimento de uma empresa legendária. No ano de 2006, alcançava seu clímax. A internet engatinhava e a Amazon uma ameaça distante. Naquele momento a Sears fazia-se presente nos principais shopping centers dos Estados Unidos e depois da fusão com o Kmart operava quase 2.500 lojas. No dia 15 de outubro de 2018, ingressou com o pedido de falência. Das 2.000 lojas restavam 700 abertas e das quais Lampert pretendia manter 400 funcionando na tentativa, praticamente impossível, de resgatar a legendaria marca.

No dia 16 de janeiro de 2019, a proposta de Eddie Lambert foi aceita, e o bilionário pagou US$ 5.2 bi pela empresa. Pelos termos da compra Lambert pretende manter 425 lojas abertas e 50 mil empregos. A mesma empresa que nos melhores tempos chegou a ter 355 mil empregados e 3.500 lojas. E que desde a virada da década já contabiliza mais de US$ 10 bilhões de prejuízos. Não vai resistir. Vai morrer. Mas ainda será possível, espero, por mais um ou dois anos despedir-se de uma empresa que faz parte dos alicerces da economia e do mundo moderno. Em suas últimas postagens em seu espaço no Twitter a empresa recusa-se a aceitar a morte: "We are down, but not out...". Valeu, Sears. "Satisfação garantida ou seu dinheiro de volta".

R$ 200 Por um Quilo de Café! What???!!!

O 3° pecado capital que as empresas cometem de forma recorrente, e segundo o adorado mestre e mentor, Peter Drucker, é, "Definir preços com base nos custos". A primeira impressão que as pessoas têm quando se deparam pela primeira vez com essa afirmação do mestre, é que ele começara a delirar e estava perdendo-se em detalhes irrelevantes. E, imediatamente, perguntam-se: "mas se levar em consideração os custos como poderei definir o preço"?

Foi nesse exato momento que o mestre virou a chave e acendeu a luz, para um pequeno e decisivo detalhe no início de seu pensamento e que culminará com a definição de uma política de preços.

Referir-se aos custos vem depois. É decorrência. Não início. É ponto de chegada, jamais de partida. De novo um caso clássico de se encontrar a resposta certa para a pergunta errada. O que empresas e empresários precisam fazer no início do processo da definição do preço, é, exatamente o contrário e oposto.

Definir-se o custo a partir do preço – em todos os sentidos. O preço que as pessoas se disporão a pagar para ter acesso a todos os serviços contidos nos produtos, e que reconhecem valor. E só depois, adequar os custos a essa verdade definitiva, ou, simplesmente constatar que o produto é inviável. Drucker ainda brincava com seus ouvintes, dizendo, "preço com base nos custos significa somar todos os custos, adicionar-se a margem da empresa e, pronto, chegamos ao preço. Nada mais lógico, nada mais natural, nada mais estúpido...".

Um dia Steve Jobs perguntou-se que features e values um smartphone precisaria ter para tornar-se irresistível a uma quantidade monumental de pessoas, ainda que para isso tivesse que custar entre US$ 500 e US$ 1000. Se tivesse ido perguntar às pessoas se pagariam esse valor por um produto sobre o qual não tinham a mais pálida ideia chamariam a polícia. Quantos e quais serviços, e com que grau de acessibilidade, encantamento e felicidade, precisaria oferecer para que esse tipo específico de pessoa – parcela expressiva das classes A, B e C alta – sentisse-se irresistivelmente atraída? Sabia, por outro lado, que, com um smartphone entre US$ 500 e US$ 1000 de preço final poderia fortalecer sua empresa e torná-la uma das mais ricas e capitalizadas do planeta.

E assim fez, partiu do preço, como alvo, não chegou ao preço, depois. Mesmo sem ter absolutamente nada, sabia o quanto pretendia cobrar. O preço nasceu antes. Era disso que o adorado mestre Peter Drucker estava falando em seu histórico artigo. Trago agora, um exemplo, com o qual estamos convivendo em todos os últimos anos. Que se as indústrias de café tivessem perguntado a todos nós, receberiam um monumental Não!: Vocês pagariam por um quilo de café R$ 200? "Nãããããããooooo!!!"

E hoje as pessoas pagam. Numa boa, morrendo de felicidade, e fazendo fila nas lojas da Nespresso. Compram cápsulas de café com 7 gramas, a um preço inicial de R$ 1,50 por cápsula, e na média, R$ 2 e até R$ 3. E assim, e no final, felizes e radiantes, as pessoas pagam mais de R$ 200 por um quilo de café... Num sábado de maio deste ano entrei no Pão de Açúcar para saber quando custava um quilo de café. Na média, R$ 30. E as pessoas pagam mais de R$ 200 empolgadas...

Preço se define levando em consideração o valor que as pessoas atribuem aos serviços que os produtos prestam. E as cápsulas do café, no entendimento de quem entende, decide e paga, nós, consumidores, valem 10 vezes mais do que todo aquele trabalho de esquentar água, ou usar a cafeteira, e fazer o café, muitas vezes, para uma única pessoa. E depois sobrar, jogar fora, lavar... Quando tudo o que aquela pessoa queria era tomar um café delicioso, cremoso, rápido, tinindo de quente, e na hora. Um único café. E aí, sem se dar conta, mas feliz, paga quase 10 vezes mais... O que tinha tudo para ser um assalto, converteu-se numa graça, numa dádiva.

Apenas isso e era sobre isso que nosso adorado mestre e mentor Peter Drucker nos alertava e continua, mesmo a distância, em algum lugar do infinito, nos ensinando todos os dias. Pagam R$ 200 ou mais por um quilo com um imenso sorriso nos lábios...

Roda-Gigante

É bem provável que um dos símbolos deste século, que mal ingressa em sua terceira década, venha a ser a velha e boa roda-gigante; relida, melhorada, reinventada, escalada, acelerada. Como hoje é o mundo.

As rodas-gigantes de antigamente, as analógicas ou originais, rodavam a ritmo de valsa, e a baixíssima altura. Alguns acidentes aconteceram nas cidades do interior do país, onde as rodas soltavam-se dos eixos e as pessoas se machucavam. Assim, e hoje, todos nós numa espécie de roda-gigante – empresas, profissionais e empresários –, que gira a cada dia mais de forma acelerada, e em elipse ascendente, e que traduzimos como, escalar!

Em março de 2019, Willis Paixão da Silva, 36 anos, morreu depois de cair de uma roda-gigante em um parque de diversões itinerante no município de Boa Esperança, nordeste do Espírito Santo. No dia 29 de maio de 2018, uma criança conhecida com o nome de Amrutha, despencou e morreu de uma roda-gigante na Índia. No passado o número de acidentes era maior, mas as rodas-gigantes foram caindo em desuso e converteram-se num tédio. Roda e para, roda e para, roda e para... E ainda o banquinho balançava...

Na virada do milênio nascia a Roda-Gigante que mudaria e história das rodas-gigantes. Das novas rodas-gigantes. Para a comemoração da data, virada do milênio, Londres construiu sua roda. A London Eye, também conhecida como Millennium Wheel. Nasceu para durar um tempo certo e acabou sendo institucionalizada. Mais que isso, provocou uma espécie de efeito dominó, cascata, roda-gigante pelo mundo. No final de 2019, começou a girar a Rio Star, Made in China, com 88 metros de altura, funcionando todos os dias das 10 às 18 horas, com ingressos vendidos por R$ 49, e proibida para menores de 12 anos. As tradicionais cadeirinhas converteram-se em 54 gôndolas climatizadas com capacidade para oito pessoas e é toda feita de aço e acrílico. Mas, e veio o Coronavírus, e a roda, novinha em folha, e provisoriamente, deixou de rodar.

Na nova onda das rodas-gigantes, chegando as tais de Rodas-Gigantes 2.0. E por enquanto, a maior de todas é de Las Vegas com 168 metros de altura. A de Londres tem 135, e a do Rio 88. Estava prevista para 2020, a roda das Rodas-gigantes, na Exposição Mundial de Dubai. Com 201 metros de altura, quase três vezes a do Rio, a Ain Dubai – décima letra do alfabeto Árabe –, assim, o Olho de Dubai, superando a até então maior de todas, a Singapore Flyer, com 185 metros. 49 cápsulas autônomas, com a capacidade total para 1.400 passageiros simultaneamente. Todas as cápsulas com

100 metros quadrados de espaço e em vidro duplo. Sua abertura foi adiada para este ano de 2021.

É isso amigos. Todos redescobrindo as Rodas-gigantes, e tentando se encontrar num mundo acelerado que não para de girar, e assim permanecerá pelos próximos anos, talvez décadas, até as portas se abrirem e os atuais 8 bilhões de pessoas, finalmente, desembarcarem no Admirável Mundo Novo...

Enquanto isso, e diante da pandemia, e com as Rodas-gigantes paradas, todos no embalo e no bordão do velho guerreiro... "Roda, roda, roda e avisa, um minuto de comercial... Alô, alô Terezinha... Era um barato a discoteca do chacrinha...". Mas, e superado o trágico comercial da pandemia, de novo, e para a alegria e felicidade de todos, a vida e as rodas-gigantes resgatando o movimento. Um pouquinho só de paciência. Vamos superar.

O Jogo do Bafo nas Grandes Corporações

Recorro a mãe dos burros. A Wikipédia. "O jogo do bafo é um jogo recreativo (uma brincadeira, no Brasil) muito comum entre os colecionadores de figurinhas. Sua denominação deve-se ao fato do deslocamento de ar (vulgarmente chamado de bafo) provocado pelo impacto da mão no momento da batida (ou palmada) sobre uma área plana em que se encontram depositados cromos (ou figurinhas) empilhados um em cima do outro". Assim, e diante da incapacidade de enfrentar o tsunami da disrupção, parcela expressiva das grandes corporações decidiu substituir suas lideranças. Jogar o jogo do bafo. Trocar figurinhas. Não vai adiantar nada. Lembra, nosso mestre e mentor Peter Drucker.

Antes de adotar todas as novidades e despedir o antigo executivo do comando, jogar a velha moldura fora. De nada adianta trazer as ultíssimas novidades tecnológicas do admirável mundo novo e os talentos digitais mais promissores para o comando enquanto não se descartarem e desimpregnarem da velha, carcomida e apodrecida cultura. Ou como não se cansava de dizer Levitt. "Você pode dar a mais fantástica e sedutora denominação que quiser para um coveiro. A única consequência objetiva dessa mudança, e mais que garantida, é que o enterro subirá de preço". Mas, e mesmo assim...

Portanto, e agora, entram em campo os velhos e supostamente novos comandantes. Na Unilever, Alan Jope; na PepsiCo, Ramon Laguarta; na BAT – British American Tobacoo, Jack Bowles; na Beiersdorf, Stefan de Loecker; e na Campbell, Mark Clouse. E, meses antes, Ulf Mark Schneider, na Nestlé, e Dirk Van de Put, na Mondelez.

COITADOS! COITADOS DOS ACIONISTAS E INVESTIDORES. Esses certamente perderão dinheiro. Muito dinheiro. Já os novos líderes ganharão um bom dinheiro e serão, antes do que imaginam, despedidos. E, depois, definitivamente marcados, assim como gados, de... Executivos incompetentes. O problema não era de impotência. Como aprendemos com a piada, a impotência decorria de usar cueca apertada. Era só comprar dois números maiores. E o pinto voltava a funcionar. Agora, com a cueca, com a moldura velha, nem uma cartela inteira de Viagra será capaz de produzir o milagre...

Há 10 anos, lá por 2008/2009, essas e outras empresas tradicionais, as grandes campeãs da sociedade industrial, cresciam a uma média anual entre 6% a 8%. Hoje, as melhores ficam entre 2% e 3%, quando crescem. Com a tecnologia, as barreiras para novos entrantes, "lindos, leves e soltos", baixaram quase ao nível do chão, enquanto as empresas tradicionais carregam o peso dos anos, das prestações de contas que precisam fazer, das infindáveis discussões internas que precedem as decisões, e ainda, e enquanto os novos entrantes ainda não destruíram o que quer que fosse, muito especialmente o ambiente, enfrentam a ira dos ativistas que não dão mais um minuto de sossego às mega corporações dos antigamente. Não termina aí. As velhas corporações, os velhos produtos, as velhas mensagens, não dizem mais absolutamente nada às novas gerações. Que acham, e dentre outros sentimentos, os automóveis um mal desnecessário e assim que possível descartável, que fazer sexo é muito trabalhoso e quase nunca a relação custo benefício é positiva. Muitos, optando pela masturbação. Fácil, rápida, reconfortante, e prescinde de sedução e corte. Vai e faz. E duas outras dezenas de comportamento impensáveis nos anos de prosperidade das grandes corporações...

O caminho é longo, temos um imenso e interminável desfiladeiro para atravessar. Os que integravam a caravana na partida não serão os mesmos que formarão o pelotão da frente e na chegada. O movimento no cemitério dos dinossauros acentua-se.

Enquanto isso as grandes corporações brincam de trocar figurinhas. Sai John entra William. Sai Dorothy entra Ester. Oi? Como se tudo não passasse de um grande jogo do Bafo... Ou se preferirem, de nada adianta trocar figurinhas. Agora, em verdade, e da virada do milênio para cá, O álbum é outro... Apenas as grandes corporações não se deram conta.

Android e iOS, um Mundo Dividido

Existiu um tempo, décadas atrás, que se dividia o mundo em capitalismo, e, socialismo ou comunismo; Estados Unidos e Rússia. Hoje existe uma quase divisão só que bem mais atenuada. Mas, existe. Entre os seguidores, apóstolos e dependentes da Apple, o iOS, originalmente iPhone; e o Android, de autoria e propriedade do Google, e disseminado muito especialmente pela empresa líder mundial em dispositivos móveis, leia-se smartphone, a Samsung. E também por algumas marcas chinesas. Hoje o Android está completando exatos 10 anos. E, sob todos os aspectos, e até mesmo por sua configuração aberta, é o sistema prevalecente e dominante.

Um dia, os na época quase meninos do Google, acordaram e sentiram uma tremenda sensação de incômodo. Um sistema operacional fechado e recluso, o da Apple, ameaçava dominar o mundo. Decidiram, então, por oferecer uma alternativa. Assim, e no ano de 2008, nascia um sistema operacional de código aberto, o Android. Tendo como mote a liberdade, e contrapondo-se ao todo poderoso e fascinante iOS, rapidamente foi ganhando a adesão de todos os demais fabricantes que não queriam se entregar de armas e bagagens ao encarceramento da Apple. Hoje, pouco mais de 10 anos depois, 2 bilhões de aparelhos ativos tem no Android seu coração. Faz-se presente em mais de 80% de todos os aparelhos vendidos.

Um dos segredos de tanto sucesso foi que o Google jamais impôs sua viabilidade apenas para um determinado modelo, por um preço elevado, e ao qual todas as marcas obrigatoriamente teriam que aderir. Foi lançando no correr de 10 anos sucessivas gerações que consideravam a limitação econômica das pessoas, e que verdadeiramente visavam os smartphones e as possibilidades e posicionamento de cada um dos fabricantes.

E assim e até hoje o Android faz-se presente e encontra-se disponível em 8 versões; quase uma a cada novo ano. No nascimento, setembro de 2008, com a versão Alpha. Depois, e na sequência, 2009, Cupcake; 2010, Gingerbread; 2012, Jelly Bean; 2014, One; 2016, Nougat; 2017, no mês de agosto, Oreo; E ainda em 2017, dezembro, Android Oreo Go Edition... A última versão, o Android Oreo Go Edition, converte-se na porta de entrada do digital. Foi desenvolvido pelo Google para países onde hoje existe um contingente muito grande de pessoas sem acesso ao digital, ou, Digitalmente, Excluídas.

Três países motivaram o Google a adotar essa experiência. Criar um irmãozinho mais leve e acessível em todos os sentidos, para seu sistema mais avançado, o Oreo. E aí nasceu o Oreo Go. Go para todos aqueles que precisam de um empurrãozão para mergulharem de cabeça no digital. E esses países são Índia, Brasil e México.

Todos os proprietários de aplicativos com presença na Google Play, a loja de aplicativos do Google, foram cobrados pelo Google de no menor espaço de tempo possível desenvolverem versões leves com total playability para os smartphones de entrada, e que rodarão com o Android Oreo Go! Era tudo o que faltava. Estamos muito próximos da inclusão digital de todos os brasileiros. E quando isso acontecer, teremos construído a ponte essencial. Que possibilitará a milhões de brasileiros não permanecerem esperando pela chegada do progresso e do futuro. Correrão atrás!

A Guerra do Frango

Nos jornais de meses atrás uma capa falsa anunciando a entrada no mercado de um novo e poderoso concorrente. O Popeyes Louisiana Kitchen. Assim, os master franqueados do Burger King no Brasil, passam a ter uma segunda arma para combater o domínio do Mc Donald's. Segundo muitos, o processo de migração dos fãs de fast--food para o Burger King já se encontra bastante avançado. E agora, com o Popeyes, o franqueamento é inevitável e de difícil resistência. Hoje a Popeyes opera 2.800 lojas em 28 países e é, a uma grande distância, a segunda rede de fast-food especializada em frango frito do mundo. Bem atrás da KFC.

Apenas lembrando, o master franqueado do Burger King e agora do Popeyes, é a Restaurant Brands, controlada pelos três mosqueteiros da 3G Capital, Jorge Paulo Lemann, Carlos Alberto Sicupira e Marcel Telles, mais Alex Behring e Roberto Thompson Motta, mais a Berkshire Hathaway, liderada pelo mito Warren Buffett. Em 10 anos, o plano é ter 300 lojas abertas do Popeyes no Brasil. Hoje o grupo possui mais de 600 lojas do Burger King.

Como ninguém tem duas bocas, e pessoas normais não almoçam duas vezes, alguém vai sair perdendo. Certamente, a carne, os hambúrgueres, e o Mc. E no início, e na fase de experimentação, claro, o KFC. Cá entre nós, e claro que vez por outra e excepcionalmente, no máximo uma ou duas vezes por ano, eu também caio em tentação e ultrapasso todos os limites da racionalidade e bom senso. E como um Big Mac, ou um KFC.

E aí, quando li a receita no anúncio dos jornais do Popeyes, senti a dimensão e toxidade de frangos suposta e inocentemente temperados. Acompanhem... "O frango do POPEYES fica marinado por doze horas em tempero cajun (Páprica, Tomilho, Mostarda, Alho, Cebola e outros ingredientes). Depois é empanado a mão. Pedaço por pedaço. Só então vai para a... fritadeira!... Socorro!"!. Mas, às vezes, vem a tentação... Se vocês gostam, divirtam-se!

Cenas do Derretimento: Varejo

Não me lembro de outra transformação tão monumental como o processo disruptivo que vem acontecendo com o varejo analógico nesta década. Em todo o mundo, e no Brasil, também! Varejo em seu sentido mais amplo. De lojas em geral, passando por restaurantes, agências de bancos, supermercados, revendas de automóveis, clinicas e hospitais, bancas de jornais, livrarias, e todas as demais possibilidades de lugar físico onde produtos e serviços são promovidos e vendidos. Em, no máximo uma década, uma mudança espetacular e radical na paisagem, o que demorava de 3 a 5 décadas para acontecer no passado. Assim, e agora, uma rápida retrospectiva de como era lento e demorado o processo terminal de organizações emblemáticas que pontuaram na vida de todos nós, e com 50 e mais anos.

Começando pelos supermercados. O primeiro nos meus registros era o SIRVA-SE, esquina da Santos com Consolação e onde hoje tem um Pão de Açúcar. E aí a revista Época Negócios diz que não, que o primeiro foi o Peg Pag, no ano de 1957. Esqueceu-se a revista do SIRVA-SE, que depois foi comprado pelo Pão de Açúcar, assim como o Peg Pag, também. O fato é que o SIRVA-SE foi inaugurado antes, no ano de 1953. Mas, e nos preparativos destes comentários,

BALANÇO DE CATEGORIAS • 205

acabei encontrando um recorte de um anúncio da revista Seleções, do verdadeiramente primeiro supermercado, o Super Mercados Americanos, que ficava na rua 13 de maio, 1936, e inaugurado meses antes do SIRVA-SE. Pois bem, todos foram ficando pelo caminho e neste momento a cadeia de varejo de alimentos, bebidas, higiene e beleza passa por sua mais radical reinvenção, muito especialmente a forma de se abastecer das famílias das grandes metrópoles. A última perna da cadeia não são mais os supermercados, e sim, os minimercados, por exemplo.

No território da moda masculina muitas e grandes lojas viraram estátuas na lembrança das pessoas. Lojas de moda masculina do passado que eram muito maiores que as lojas de hoje. E assim, uma após a outra foram sumindo na paisagem. Exposição Garbo, e talvez a última a naufragar tenha sido a Ducal. Aquela que um dia e num determinado final de ano inventou o Natal Brasileiro, sem Papai Noel e renas, mas como artesanato do norte nordeste, bodes e cabras, e muitos santinhos de barro... Invenções do saudoso Lívio Rangan e sua agencia de propaganda, a Gang. Assim, nenhuma dessas organizações conseguiu acompanhar, na mesma velocidade e proporção, como evoluíram os homens em seus hábitos e costumes.

Uma pequena pausa para enveredar pelo território da alimentação, e onde também se alimentavam as famílias ricas e chiques da cidade. No campo da alimentação out of home, fora de casa, na cidade de São Paulo e no território da carne prevaleciam as churrascarias, que em seu melhor momento começam a partir de um mesmo e único endereço, e, depois, seguem, acompanhando o crescimento da cidade, endereço esse na avenida Rio Branco, onde reinava a pioneira e legendária, a Cabana, migrando para o Largo do Arouche com os primeiros Dinhos e Rubaiyat, e depois descendo para os jardins com o Rodeio, Dinhos, Esplanada Grill, e finalmente o Rubaiyat se reinventado e ocupando o derradeiro e mais importante ponto da Haddock Lobo com sua Figueira, casarão que abrigou por duas décadas a Cleusa Presentes.

A partir dos anos 1980, as novas churrascarias, emblematicamente representadas pela Fogo de Chão foram tomando conta do espaço. Hoje, na hora do almoço, em quase 1.000 restaurantes por quilo da cidade de São Paulo, na parte dos fundos existe um grill preparando carnes de forma continua. E a frequência às churrascarias de grife restritas a comemorações especiais. A mudança é tão radical que a Fogo de Chão passou a oferecer a opção almoço executivo, enquanto, Alex Atala, o megaestrelado do Michelin, decidiu jogar a toalha e fechar as portas de seu Açougue Central. No Rio pontificou a Porção, que chegou a ter 6 grandes casas, e, depois de 41 anos de funcionamento, encerrou suas atividades e fechou a última loja em 2016.

Mudando de ramo e rumo, a Sears também marcou época no varejo brasileiro. Com lojas em São Paulo e no Rio. Chegou por aqui logo depois da 2ª guerra, em 1949, e desistiu do Brasil no início dos anos 1990, fechando todas as suas 11 lojas. Na cidade de São Paulo, duas de suas lojas deram lugar a dois shopping centers. O West Plaza, e o Shopping Paulista.

No ano de 1944, a família Goldfarb decidiu criar a concorrente da Lojas Americanas. E assim nasceu a Lojas Brasileiras, mais conhecida como Lobras. Sobreviveu 55 anos, e encerrou suas atividades em 1999, sendo parte de suas propriedades incorporadas pela família a outra rede dos Goldfarb, a Marisa. No tempo áureo da LOBRAS chegou a ter 63 lojas.

Nascida no interior do Estado de São Paulo, Lins, a Arapuã, até hoje permanece hibernada diante de uma recuperação judicial que já dura 20 anos. Sempre contou com a simpatia e apoio do Bradesco, mas, e mesmo assim, a família Simeira não conseguiu acompanhar a evolução do varejo e ficou pelo caminho.

Mesbla e Mappin, talvez as mais importantes lojas de departamento do Rio e de São Paulo, morreram abraçadas. Sempre foram concorrentes, mergulharam em irreversível decadência, quebraram, e foram assumidas as duas, por um mesmo investidor, Ricardo Mansur. Que acabou afundando junto com as duas, sem não antes anunciar planos absolutamente descabidos e que só impressionou inocentes e neófitos. Um de seus últimos anúncios, por exemplo, era que pretendia converter o Mappin numa mega franquia, com mais de 1.000 lojas em todo o Brasil. Claro que esta relação é incompleta e faltam outras duas dúzias de redes dos diferentes tipos de varejo que tombaram em combate de forma mais ou menos gloriosa. Mas, e para terminar, fecho com uma pequena rede, e que tinha um empresário inspirador, a G. Aronson, comandada por Girz Aronson, nascido na Lituânia em 18 de janeiro de 1917. Trabalhava todos os dias em uma de suas lojas, no centro da cidade de São Paulo. Era o primeiro a chegar e último a sair e conversava com todos os clientes. Começou vendendo roupas e terminou com eletrodomésticos. Seu posicionamento, O Inimigo Número 1 dos Preços. Foi sequestrado, pagou o resgate, ficou 14 dias num cativeiro, comoveu a opinião pública, e, depois de duas concordatas finalmente faliu nos anos 1990. Morreu em 19 de junho de 2008, e com ele, todo esse ciclo do varejo brasileiro que de uma forma superficial, concisa, incompleta e rápida, percorri nestes comentários.

Termino com o título em português de um maravilhoso filme dirigido por Robert Redford e protagonizado por Brad Pit, "Nada é para sempre", e com 3 frases. A primeira de Charlie Chaplin, "O tempo é o melhor autor. Sempre encontra um final perfeito". A segunda de Jim Morrison, "O futuro é incerto e o fim está sempre perto". E a terceira e definitiva de Nicolau Maquiavel, "O que tem começo, tem fim". Apenas isso.

PCs, A Crise Silenciosa

Nas crises recentes que vitimaram milhares de empresas em nosso país, fazem-se presentes sempre três componentes. A estrutural, decorrente do tsunami tecnológico que determina uma espécie de ressurgimento de tudo e de todos. Um mundo absolutamente novo revelando-se. Uma outra e que é também comum a todas as empresas, produtos e negócios e específica de nosso país. O Tsunami Dilma, a gestão temerária, precária, incompetente e criminosa do PT na economia a partir do final do governo Lula e nos governos Dilma. Todos nós, com raríssimas exceções, fomos vítimas do mesmo desastre. A tal da "Nova Matriz Econômica"!

E a terceira, crises específicas de cada um dos setores de atuação, de cada uma das cadeias de valor, por razões próprias do negócio. E tudo isso e no ano de 2020, ainda condimentado com a Covid-19. No tocante a essa terceira crise, a da especificidade, de novo, e em raríssimas situações, as tais das exceções, essa componente foi positiva e determinou o crescimento do setor. Como, por exemplo, aconteceu com o negócio de remédios e farmácias, que cresceram e prosperaram sistematicamente durante a crise, em decorrência dos transtornos de saúde agravados pela crise estrutural, mais a conjuntural. Mas, em quase todos os demais negócios, e quando se somam as três crises, a situação é de calamidade. Um business específico, o de computadores pessoais, que se costuma denominar de PCs, quase desapareceu do mapa. Claro, exagerando.

Para se ter uma ideia do desastre, hoje o negócio de PCs é em nosso país 1/3 do que foi em 2012. Ano em que se comercializou mais de 15 milhões de unidades, para as quase 5 milhões de hoje. Também vítima das crises, e ainda pegando uma rebarba no prevalecimento e domínio dos smartphones. Para muitas pessoas que recorriam aos PCs para acessarem a internet, com o prevalecimento dos smartphones, foram se acostumando a fazer tudo por essa espécie de canivete suíço, inclusive acessar a internet, bancos, pagar contas, e assim... e para muitas pessoas, deixou de existir a necessidade dos PCs.

No embalo do crescimento, no pico dos 15 milhões, a Lenovo, por exemplo, estava tão empolgada que comprou a CCE, devolvida anos depois por não ter o que fazer com a empresa. Hoje esse território de 5 milhões de unidades é disputado de maneira mais forte e consistente por 5 players: Positivo, Samsung, Acer, Lenovo e Dell. Nenhuma delas revela os dados, mas pelo que se depreende do varejo, a liderança, com uma pequena margem, pertence a Dell. Objetivamente, o mercado de PCs em nosso país não deve superar os 5 milhões de unidades. A menos que haja uma aceleração no tal de homebased, e mais pessoas passem a trabalhar a distância e de suas casas. Mas, mesmo assim, isso ainda vai demandar um bom tempo para acontecer.

Isso posto, lições, sempre olhar para o estrutural, sem jamais perder de vista o conjuntural, e toda a atenção no específico. Não é raro pessoas morrerem por afogamento em situações onde a altura média da água é de 20 centímetros. Média! Em alguns lugares, mais de 10 metros de profundidade... Exatamente onde as pessoas se afogam.

De qualquer maneira, a pandemia trouxe um derradeiro alento para um gadget em processo de decadência. Talvez, irreversível...

China É a Referência

Assim, começo, repetindo, a China é a referência. Salvo novidades no front, repito novamente, a China é a referência. E até onde consigo enxergar, 20, 30 anos para frente, a China é e Permanecerá Sendo a Referência.

Quem apostaria que um país das dimensões territoriais do Brasil, claro aproximadamente, 9,6 milhões de quilômetros quadrados a China e 8,5 milhões, o Brasil. Pouca coisa maior que os Estados Unidos, 9,3 milhões de quilômetros quadrados. E com uma população mais de cinco vezes maior que a dos Estados Unidos – 1,4 bi contra 340 milhões; e 6,5 vezes maior que a do Brasil, 210 milhões, supostamente condenada ao flagelo e a miséria, ano após ano vá se tornando a referência global para todos os demais países.

Primeiro a China organizou-se politicamente. Depois construiu um estado forte de verdade. E, na sequência mergulhou na economia de mercado. Uma economia de mercado que cresce e prospera, sob a vigilância de um estado forte, não necessariamente paquidérmico e nem com ambição e gula desmedidas.

Um Estado que faz, e bem porque duro e disciplinador, a regulação dos mercados. Sem a necessidade de ter suas próprias empresas. E que o faz só quando não existe nenhuma perspectiva a perder de vista, para a iniciativa privada. E assim, o que tinha tudo para ser uma tragédia humana, converteu-se no benchmark, não estou, com este comentário, defendendo que adotemos por aqui qualquer coisa semelhante pelas diferenças significativas das duas situações e, mais ainda, cultura. Mas não tenho a menor dúvida que temos muito a aprender com a China. Principalmente que tudo isso que conseguiu e a prosperidade fantástica que alcança, diante das perspectivas de 50 anos atrás, passou rigorosamente por um mutirão educacional de décadas, e pela indução de uma nova cultura. Assim, e trabalhando com planos quinquenais, a China que emergiu depois da segunda grande guerra absolutamente arrasada, deu início a um grande processo de transformações econômicas radicais, e começou a, literalmente, escalar, sob a liderança de Deng Xiaoping.

Que eu me lembre, o único país de toda a história salvo acidente de percurso, que provou ser possível adotando a inovação exponencial, a que alavanca tudo simultaneamente e aditivada pela tecnologia, escalar espetacularmente.

No correr das duas últimas décadas foi ultrapassando com o crescimento de seu PIB a Índia, Grã-Bretanha, Alemanha, Japão, e agora está na menor distância que qualquer país jamais esteve em relação aos Estados Unidos nos últimos 50 anos. Apenas lembrando, quando a China definiu e aprovou seu Plano Estratégico de Desenvolvimento, sob o comando e inspiração de Deng Xiaoping, três eram as principais alavancas.

1. Dobrar o PIB chinês de 1987, no menor número de anos possível, o que garantiria alimentação e vestuário para todos os chineses. Isso foi alcançado poucos anos depois.

2. Quadruplicar o novo PIB, o de 1980, até 1999. Chegou lá com quatro anos de antecedência, 1995.

3. E a partir daí elevar o PIB ao nível dos países em desenvolvimento até 2050. Chegou lá em 2015... E por aí vai...

No ano passado li matéria do jornalista da Folha, Eduardo Sodré, especializado em automobilismo. Onde afirma, num mundo que tem os olhos concentrados na Tesla como a grande referência em carros elétricos, que... "Quem espera que a Tesla seja a salvação do automóvel e do mundo com seus modelos elétricos precisa olhar para o oriente. O futuro da mobilidade sem fumaça está na China...". Assim, e tendo como referência tudo que a China disse que ia fazer, e fez muito antes do prazo, não será surpresa se antes de 2025, como é seu plano, conseguir que 20% dos carros emplacados naquele país sejam elétricos. E para que consiga isso, os preços desses carros terão que cair espetacularmente em todos os próximos anos. Mas só 20%, pensarão alguns? 20% de 24 milhões, ou seja, 4,8 milhões de automóveis. Mais de 50% do total da produção e venda de automóveis do Brasil em 2018. E, em conseguindo isso, e vai conseguir, os carros elétricos chineses tomarão conta do mundo...

Eduardo Sodré conclui que se a Tesla quiser prosperar no território em que hoje é a referência mundial e queridinha dos formadores de opinião, terá que pagar pedágio, tomar bênçãos e aprender com a China. Caso contrário Elon Musk, guardada as devidas proporções, pode ser uma espécie do que o engenheiro mecânico eletricista, Augusto Conrado do Amaral Gurgel, dono da Gurgel, foi, e como é retratado hoje na história do automóvel em nosso país. Um querido e respeitável Dom Quixote. O tempo dirá.

Shopping Centers
Mais Três Shopping Centers no Brasil. Para Quê? ou Novinhos e Já Enrugados...

No dia 28 de agosto de 2018, portanto, há quase dois anos, em muitos jornais pelo mundo, a história de Yernar Alibekov, uma criança de apenas 6 anos de idade, com uma doença rara, que o faz ter um rosto correspondente a um idoso de mais de 80 anos, e com a aparência de quem sofreu a vida toda trabalhando na terra, como diz a notícia. Ou na roça, como se dizia no passado, e como se diz, também, no presente... Trata-se da Síndrome de Ehlers-Danlos, que deixa a pele flácida por absoluta deficiência de colágeno. Mais ou menos parecido com o filme The Curious Case of Benjamin Button, filme americano de 2008, protagonizado por Brad Pitt e Cate Blanchett... Um homem, Benjamin, que nasce velho, e com o passar dos anos, vai rejuvenescendo.

Em agosto de 2018, os jornais noticiavam a abertura de mais três novos shopping centers no Brasil. O Parque da Cidade, na Marginal Pinheiros em São Paulo, o Shopping Só Marcas, em Guarulhos, e o Jockey Plaza em Curitiba. Shoppings Benjamin Button. Nasceram velhos e superados, ainda que novinhos em folha e cheirando a tinta. Todos os três, planejados, projetados e desenvolvidos antes das crises. Crise conjuntural, ou Tsunami Dilma.

Crise Estrutural, onde menos é mais, onde próximo e perto é melhor, onde small is beautiful and better. E ainda a decorrente Crise Comportamental, pessoas optando por estabelecimentos menores e mais próximos, ou, por compras através do ambiente digital. E a migração acelerando-se dos tempos de comprar para ter, para alugar, dispor, usar, e, devolver. Mais a crise que vem esvaziando as praças de alimentação diante da multiplicação dos aplicativos de delivery, e das empresas caseiras e fornecedoras de marmitas. Agravado pelo abandono dos cinemas em anexo as praças de alimentação, pela invasão da Netflix, e suas irmãs Amazon Prime, Appletv Plus, Disney, Globoplay... E tudo isso e neste ano de 2020 ainda aditivado pela Covid-19...

E assim, os novos nascem velhos. A síndrome de Benjamin Button rondando todos os negócios. Nunca antes na história da humanidade, por defasagem crônica e insuperável entre o momento da concepção e o momento da realização, e o momento da inauguração, a Síndrome de Benjamin Button se fez tão presente. Em verdade, estamos rodeados de e por Benjamins Buttons. Em tudo e quase todos. Repare bem, não é apenas nas coisas supostamente novas e chegando ao mercado agora. Alguns de nossos amigos também pararam no tempo e mergulharam em processo de envelhecimento acelerado precocemente. Desistiram, jogaram a toalha. A cada dia que passa fica mais difícil ter-se o que conversar com eles.

Assim, e nesse contexto, mais 3 novos shopping centers abriram suas portas. Envelhecidos. Desde então seus dirigentes e minguados lojistas concentram-se em reuniões na tentativa de diminuir o tamanho do fracasso. Acontece. Iniciativas que demandam de 5 a 10 anos entre o planejamento e a decolagem correm, sempre, elevado risco.

Problema semelhante ao que enfrentam hoje dezenas de incorporadoras que lançaram edifícios corporativos há 6, 8 anos atrás, e hoje não tem uma única, repito, uma única empresa interessada em habitá-los. No caso dos shoppings, muito especialmente desde a virada do milênio, com o advento do digital, e com a aceleração no fator tempo.

E ainda, existem muitos shopping centers quase prontos tentando atenuar o desconforto emocional, e a crise econômica, de parcela expressiva dos espaços aguardando por locadores. Em alguns casos, mais que espaços, o shopping todo vazio... Futuras hortas ou pomares urbanos, ou, o que a imaginação de seus empreendedores for capaz de criar no inevitável processo de reinvenção. Não vai ser fácil.

CAPÍTULO 10

Marketing Legal

Para quem gosta e tem estômago para investir em moedas alternativas, uma primeira e emblemática referência. O caso GERALD COTTEN. Enquanto pessoas supostamente humanas revoltam-se com crianças que choram e passarinhos que cantam.

Milhões de pessoas, através da WAP, apiedam-se dos péssimos tratamentos que os animais sofrem. E depois se sentam à mesa para comer um delicioso churrasco mal passado ou um saboroso leitão a pururuca. E a quase tragédia por um microfone esquecido "aberto".

DISNEY em Brasília, Filipão a bordo, e, finalmente, o BOIMATE. E as pessoas reclamam das "fake news" e não se importam com as "news fakes..." Enquanto as cigarreiras insistem nas práticas de crime continuado.

Era uma vez uma profissão mais que respeitada, os carteiros, enquanto alguns concorrentes, numa boa, apropriavam-se das conquistas da VIGOR e seu IOGURTE GREGO.

Quando a J&J vai acordar e tentar resgatar de sucessivos escândalos e condenações uma das marcas mais queridas e respeitadas em todo o mundo. A marca da J&J.

Bitcoinscrimes...

As tentativas de golpes, exigindo pagamentos em bitcoins, multiplicam-se. Todas às vezes que existe o vazamento e roubo de milhares ou milhões de informações dos grandes bancos de dados – como, por exemplo, tem acontecido com frequência alarmante com o "Feice" – e se seus dados forem juntos, na semana seguinte você será extorquido pelos bandidos. Vão exigir, para não acessarem suas contas e roubarem seu dinheiro, um pagamento em bitcoins, numa determinada conta. E para demonstrar que têm seus dados, enviarão alguns deles para apavorá-lo e intimidá-lo. Infelizmente, algumas pessoas entram no golpe e passam a ser, extorquidos, de forma recorrente. Já fui vítima dessa tentativa de extorsão algumas vezes. Mas, e dentre os golpes envolvendo bitcoins, o maior de todos, no tocante a complexidade e mistério é o que passo a comentar. Se o mundo é líquido, e é, hoje temos um grande tesouro repousando nas profundezas das águas do digital.

Gerald Cotten deu entrada no hospital indiano Fortis Escorts no dia 8 de dezembro de 2018, por volta das 14 horas. Morreu de parada cardíaca no dia seguinte. Sua morte está devidamente comprovada e atestada por um certificado emitido pela Funerária J.A.Snow, e por um atestado de óbito do governo do Rajastão, o maior estado da India em área territorial e cuja capital é Jaipur e onde se fala o hindi e o rajastani. Gerald sofria da doença de Chron. Em seu comunicado oficial, o Hospital onde Gerald se internou é definitivo: "No dia 9 de dezembro de 2018 o paciente sofreu uma parada cardíaca, mas foi revivido com massagem diretamente no coração. No entanto, a situação cardíaca do paciente foi se deteriorando até ter uma segunda parada às 16 horas. Apesar dos esforços de nossa equipe médica, o paciente não foi revivido e declarado morto por volta das 17h26...".

Gerald Cotten, canadense, fundou uma das primeiras corretoras de Bitcoins, a Quadriga CX. Por questões de segurança, natureza e personalidade, só ele conhecia a senha de seu cofre virtual onde se encontrava depositado o equivalente a R$ 700 milhões, em bitcoins, de seus clientes/empresas. Seu maior medo era ser roubado. E assim recorreu à ferramenta do Cold Storage (uma espécie de depósito câmara fria) que preserva os bitcoins desconectados, dormentes, mediante uma sucessão de pen drives, ou salvos num notebook criptografado. A Quadriga CX tinha 115 mil cientes. Por determinação da Justiça foi contratado aquele que supostamente é o maior dos craques em descriptografia. Não conseguiu. Os credores e os tribunais decidiram recorrer à viúva, Jenniffer Robertson. Jeniffer movimentou a cabeça negativamente alegando desconhecer a senha. Fim.

No dia do suposto funeral de Cotten, no Canadá, investidores ensandecidos ligaram várias vezes para a funerária. Para uns, confirmou-se que um tal de Gerald Cotten estava sendo velado. Outros disseram não ter nenhum Gerald, muito menos Cotten, sendo velado... Dias depois e em nota a Bloomberg informava seus assinantes que Cotten fez e registrou seu testamento apenas 12 dias antes de sua morte. O parceiro de Cotten nos negócios, Freddie Heartline, declarou ao Chronicle Herald, do Canadá: "Ele sempre prevê problemas... Tornou-se CEO de um negócio milionário e não seria idiota o suficiente para acreditar poder safar-se com quase US$ 200 milhões...". E aí alguém perguntou: "E a Senha"... E Freddie respondeu e aconselhou, "Não se pode confiar em qualquer um para deixar suas senhas... Nem mesmo a esposa...".

Para sempre, ou, por enquanto, a primeira grande história de mistério ou de naufrágio irrecuperável da era das criptomoedas. Gerald Cotten morreu, de verdade? O corpo é seu? Jennifer não sabia ou apenas está dando um tempo para reencontrar-se com seu amado numa ilha perdida nos confins do mundo... Um navio carregado de criptomoedas permanece no fundo do Admirável Mundo Novo, Plano, Líquido e Colaborativo, vagando pela Digisfera...

Crianças e Passarinhos

Anos atrás causou perplexidade, aos que tomaram conhecimento, manifestações de alguns paulistanos incomodados com o fato dos passarinhos cantarem mais cedo. Isso mesmo, quase a exigir das autoridades municipais alguma providência. A denúncia, reclamação ou desvario, partiu de um administrador de empresas e que reuniu provas.

De repente, os sabiás... Lembram? – "Minha terra tem palmeiras onde canta o sabiá, As aves que aqui gorjeiam, Não gorjeiam como lá", Canção do Exílio, Gonçalves Dias... – De repente os sabiás começaram a cantar precisamente as três da matina, e muitos dos insones anteciparam a manhã e o despertar.

Segundo o administrador de empresas que documentou a nova realidade, estava muito incomodado porque, ao cantar mais cedo, o Sabiá acordava o cachorro dele, e aí, o cachorro ato reflexo ia acordá-lo... E todos se perguntaram, Por que os sabiás teriam decidido rever o horário para o início desse fenomenal concerto? E o biólogo Sandro Von Matter foi atrás. Criou uma sharing research através da internet, conseguiu adesão de 3.000 pesquisadores voluntários, fez um mapeamento do despertar dos sabiás nas diferentes regiões do país, e concluiu que o horário dos sabiás cantarem nas grandes cidades é, em verdade, bem mais cedo do que nas pequenas, assim como nos campos e florestas.

Segundo a pesquisa do Sandro concluiu, em boa parte das cidades pequenas os sabiás preservam a rotina. Acordam às 6h, dão uma espreguiçada, e começam a cantar a partir das 6h30. Conclusão da pesquisa: O Sabiá antecipou seu canto de amor, para atrair as fêmeas e demarcar território, para antecipar-se e evitar o barulho crescente nas grandes cidades. Concluiu que cumpre melhor sua natureza iniciando seu canto sem a concorrência de carros, motores, buzinas. Assim, é mais facilmente ouvido pelas fêmeas. E consumar-se, em fim, o amor. No veredicto final da pesquisa Sandro afirma, "Em verdade tudo o que o Sabiá fez foi procurar adaptar-

-se a uma nova realidade. Passou a cantar mais cedo em que nós não estamos fazendo tanto barulho porque dormimos, e assim, seu canto de amor chega às fêmeas...".

Enquanto isso, um casal, pai dos gêmeos Gabriel e Lucas, no Recreio, Rio de Janeiro, foi notificado porque seus filhos choravam muito e incomodavam os vizinhos. Com dois anos e meio, e ao mesmo tempo, os dois adoeceram. Bem antes da Covid-19. Pneumonia, um, e otite, o outro. Com o desconforto da doença, choravam muito a qualquer hora do dia ou da noite. E aí o casal foi advertido que se seus filhos não parassem de chorar penalidades seriam aplicadas... Luciana Krull, dentista, mãe dos gêmeos, explicou ao *O Globo*, "É verdade, Lucas e Gabriel não paravam de chorar". Mas ninguém nem perguntou a razão e muito menos ofereceu ajuda. Depois que o caso veio a público alguns moradores disseram que interfonaram, mas, isso nunca aconteceu. Apenas recebemos uma notificação. Uns dias depois de eu contar esse acontecimento na internet é que a síndica entrou em contato. Pediu desculpas, mas disse que estava apenas cumprindo regras. A notificação não foi cancelada nem recebi qualquer pedido de desculpas dos demais condôminos".

É isso amigos. Será que não existe alguma coisa de muito errada em nossos comportamentos? Será que agora é normal revoltar-se com crianças e passarinhos? Tomara que o novo normal pós Covid-19 seja uma pouco melhor dos atuais normais... Normais?

A Pesquisa da Wap... What!!!???

What, não; WAP – World Animal Protection, ONG que se preocupa com o bem-estar das aves em seu processo de criação, embora acabem todas, indo para a panela. No popular, são mortas! E o que faz a WAP? Fiscaliza se as grandes empresas globais de fast-food, dentre outras coisas, consideram o bem-estar das aves em suas práticas. Faz um estudo regular, e vez por outra divulga os resultados. As notas tem 6 gradações, e vão de muito bom a deficiente. Desta feita foram avaliadas 9 empresas e todas levaram a quarta pior nota: Muito Ruim!

O resultado foi o seguinte: Ruim: McDonald´s, KFC, Pizza Hut, e Nando's. Muito Ruim: Domino's, PLC e INC. Tudo bem? Deu para entender? Então agora vamos para a carnificina. Mesmo porque se fosse de verdade essa manifestação e sentimento pura e simplesmente o ser humano deveria eliminar o consumo da carne animal de seu cardápio básico.

Todos os dias, em todo o mundo cometem-se milhões de assassinatos de bichos para nossa alimentação. Todo o resto é conversa mole nem pra boi dormir mesmo porque estão todos sendo engordados e preparados para o abate. Todos os anos são abatidos 60 bilhões de frangos no mundo. Só no Brasil 5,5 bilhões. Essa criação só faz sentido economicamente, desde que as aves sejam criadas – e são! – para que cresçam o mais rápido possível antecipando, ao máximo, o momento do abate. E aí a sucessão de explicações e justificativas não para:

KFC e Pizza Hut garantem que todos os seus fornecedores de carne são auditados para garantir o bem-estar dos animais. Starbucks afirma que até 2020, todos os seus alimentos só serão preparados com ovos botados por galinhas fora de gaiolas, carne de porco de gestação livre, e todos esses animais processados pós-sistemas humanizados. Já a Subway garante que todos os frangos que forem servidos em suas lojas no Brasil têm o prazo de até 2025, para só serem criados em liberdade. O mesmo acontecendo com os ovos que só serão procedentes de galinhas não confinadas. Já o Burger King garante que só homologa fornecedores que respeitem sua rigorosa política de bem-estar animal. E por aí vai.

Mas todos os bilhões de frangos, vacas, porcos e outros animais, todos, sem nenhum indulto ou exceção, serão cruel ou humanamente assassinatos, e servirão de comidas para outros animais. Nós, os homens.

Os tais de desumanos seres humanos. Desumanos e cínicos. E assim, todos, regiamente alimentados, dormimos em paz. Fala sério?

O Dia em que A Latam Esqueceu o Microfone Aberto

Peter Drucker dizia: "Quando o navio começa a afundar o comandante não convoca uma reunião; decide". Em momentos de dificuldade, desafios, tensão, todos os cuidados são poucos. Qualquer vacilada pode causar uma tragédia.

Dia desses um avião da Tam interditou durante horas o aeroporto de Confins, em Minas. Decolou em Guarulhos na madrugada em direção a Londres, e precisou executar uma aterrissagem de emergência, danificando os pneus, com mais de 300 pessoas a bordo; parou a segundos da tragédia. E não foi nem pelo avião, nem pela falha técnica e nem pelos pneus. Foi por uma vacilada monumental do piloto. Que não atentou que o seu microfone, com o qual se comunica com os passageiros, estava aberto. E na certeza que só conversava com a torre do aeroporto, disse: "Por gentileza, providencie bombeiros, ok, amigão. A aeronave está muito pesada, sem condições de alijamento. Solicito ajuda dos senhores. Estamos com problema um pouco sério, ok? Estamos praticamente sem o sistema elétrico...". Ainda bem que os passageiros não se desesperaram...

Uma história muito parecida com a surrada piada que se conta sobre um piloto que sem perceber que seu microfone estava aberto, disse para o copiloto... "vou dar uma passadinha na toalete, aliviar, e depois dar uma transadinha com a aeromoça". Desesperada, a aeromoça saiu correndo da parte de trás do avião para desligar o som... Mas, já era tarde. No que passou correndo, uma senhora sentada próxima da cabine, disse, não precisa se apressar, comissária, o piloto vai passar antes na toalete...

Liderança se não é tudo é quase tudo. Em determinadas situações, tipo, iminência de desastre e pânico, liderança é tudo. Claro, desde que o líder não seja negligente, descuidado, irresponsável... 90% dos acidentes aéreos são por falha humana. Dos 90% mais de 90% pelo detalhe, pelas circunstâncias, desatenções.

Gustave Flaubert dizia, "Deus e o diabo estão nos detalhes". Pelas estatísticas dos desastres aéreos, tem mais o diabo do que Deus nos detalhes...

Boimate, Felipão, e o Parque da Disney em Brasília

Anos atrás, muito antes de se saber que um dia o mundo conseguiria realizar o PGA – Projeto Genoma Humano –, e que conquistaria a possibilidade espetacular da edição genética mediante o domínio do conhecimento procedimentos como o do CRISPR CAS 9, um desocupado qualquer inventou uma notícia que foi publicada por algumas importantes revistas e jornais.

No Brasil, por exemplo, a revista Veja dedicou uma página para a fantástica matéria. A produção de um híbrido de boi com tomate, dando origem ao Boimate. Uma nova espécie. Corpo de boi, gigantesco, e textura e miolo de tomate. Isso mesmo, a *Veja* publicou essa bizarra e absurda notícia. O churrasco com salada de tomate já chegava pronto...

Anos atrás, um dos principais jornalistas políticos do país encantou-se com a obra das circunstâncias e do destino. Ao seu lado, e no avião, adivinhem quem estava? Isso mesmo, o Felipão. E o jornalista entrevistou o técnico da seleção, fotografou, e pediu espaço especial para a publicação de sua matéria. Não era o Felipão, era um gozador.

Semanas atrás, e aproveitando-se de todas as atenções voltadas para Brasília onde se iniciava o ano do legislativo, algum gozador plantou, e o *Correio Braziliense* entrou na lorota, e todas as demais publicações repercutiram como se fosse verdade. A de que Brasília ganharia um parque temático da Disney. Horas depois, como as pessoas mais sensíveis ou menos tolas – a escolha é sua, amigo leitor – já imaginavam e sabiam, veio a Disney dizer que embora tenha um grande apreço pelos seus queridos clientes brasileiros, não tem a menor intenção de abrir um parque em nosso país. Impressionante como ainda a imprensa brasileira continua engolindo Fake News dessas dimensões. E a responsabilidade profissional, como é que fica? Fake News só existem e prosperam pela desatenção e negligência dos profissionais. Ou, despreparo mesmo. É muito fácil culpar as Fake News. E sair à caça de seus autores.

Mas a mesma atenção e crítica deveriam ser dirigidas aos que têm a responsabilidade por converterem uma Fake News, numa notícia supostamente verdadeira. A ação de um não explica e muito menos justifica a incompetência e preguiça de outro.

As Cigarreiras Não Desistem e Muito Menos se Emendam...

No Estadão de meses atrás, um branded content, que no passado chamávamos de Publieditorial assinado pela Philip Morris. Para os que não se recordam exatamente o que é um Branded Content, trata-se de uma publicidade com cara de editorial.

No passado, e temendo que os leitores não se dessem conta, vinha com uma espécie de advertência próxima do título alertando os leitores que o que estavam vendo fora comprado por uma empresa, que tinha um patrocinador, uma empresa pagando pela publicação. Hoje, de forma singela e muitas vezes e até mesmo dissimulada, não fica tão evidente, e muitos nem se dão conta tratar-se de material sob encomenda. De qualquer maneira, em meu entendimento, irrelevante e chega de tutela e proteção. As pessoas que sejam mais atentas e prestem atenção no que estão lendo ou fazendo, e as publicações que sejam zelosas – ou não, – sobre suas reputações.

Mas, e voltando, o tal Branded Content anunciava um debate realizado no Estadão e com um vídeo disponível para quem quisesse assistir. Claro, sempre tem uma pesquisa por trás, também contratada e paga pela Philip Morris, e que comprova que 82% dos fumantes consideram trocar o cigarro por produto de risco reduzido... Mais ou menos como perguntar-se a um condenado à morte se quer morrer de forma acelerada, ou se prefere ir morrendo gradativamente... A facada ou porretada, ou a doses regulares e sistemáticas de veneno? E aí uma sucessão de afirmações decorrentes da pesquisa vendendo para quem lê o Branded Content que todos concordam com a legalização do Cigarro Eletrônico...

Depois de matar milhões de pessoas no formato CCC – Consciente, Cruel e Criminosa – mortes morridas depois de anos de sofrimento, a indústria de cigarros, que continua fabricando e vendendo e produzindo mais viciados condenados à morte, vem com uma conversa e argumento absurdo do Mal Menor.

Nos últimos 50 anos todos nós pagamos pelos crimes hediondos cometidos pela indústria do tabaco. Mais que comprovado que sabiam que estavam matando as pessoas lentamente – uma espécie de tortura de uma crueldade monumental –, que faziam tudo quimicamente para torná-los dependentes, e comportavam-se como se isso fosse natural. O cigarro era permitido, e assim, tudo o que é permitido pode. Não pode. A ética precede e prevalece sobre qualquer determinação legal. Por falar em legal, me vem a palavra legado. Qual o legado da indústria do tabaco? Matou mais que as duas Grandes Guerras somadas. E agora, e tentando manter-se viva e próspera, vem com a conversa mole do Mal Menor.

Que credibilidade tem as cigarreiras. Rigorosamente a mesma de um Hitler e de um Stalin, se ressuscitassem. As plataformas de comunicação jamais deveriam aceitar esse tipo de comunicação. Mas ainda, além de aceitar, o Branded Content foi produzido por uma das mais respeitáveis publicações do país. Definitivamente, não está fácil.

Carteiro, Profissão de Alto Risco

A situação dos Correios é dramática. As discussões se privatizam ou não seguem. E, se sim, o que se privatiza? Em termos econômicos arrombados e falidos, seus funcionários foram assaltados por gestões criminosas em seu fundo de pensão, o Postalis, e hoje precisam pagar muitos reais a mais para terem a perspectiva de alguma aposentadoria no futuro. Ainda lembro-me anos atrás, conversando com executivos dos Correios que me falavam do apreço que a população tinha pelos seus serviços, muito especialmente pela figura do carteiro, uma personagem em cada cidade, bairro, rua. Conhecia todas as casas e pessoas pelo caminho. Era saudado pelos cachorros e ganhava café de graça nos bares e padarias. Mesmo assim, e em alguns lugares, a impossibilidade de entregar a correspondência. Tipo, alguns morros do Rio de Janeiro, favelas de São Paulo, onde o assalto era certo. Muito especialmente quando se tratava de compras realizadas a distância e entrega dos produtos, e, em especial, os da Natura e da Avon.

Semanas atrás recebemos na Madia Business School querida aluna que trabalhou na Mahogany e relatou os mesmos problemas... Hoje, ser carteiro nos Correios, por maior apreço e carinho que as pessoas ainda tenham pela extraordinária figura e em sua missão de mensageiros, é risco de vida.

Na última semana de dezembro de 2017, a *Folha* estampou em manchete no caderno Cotidiano e apenas o seguinte: "Violência restringe Correios em 29% da cidade de São Paulo", ou seja, se anos atrás o problema era localizado e em apenas alguns morros do Rio de Janeiro e favelas de São Paulo, agora generalizou. Assim, e além da gestão criminosa que assaltou seus cofres, hoje os Correios conseguem cumprir apenas 70% de sua missão na cidade de São Paulo e em muitas outras cidades. O problema não é dos Correios. O problema é nosso, cidadãos, que aceitamos continuar vivendo e convivendo com bandidos e em cidades sitiadas. Se para todos, essa situação, mais que constrangedora, é humilhante, para muitos pequenos empresários do comércio eletrônico é praticamente sentença de morte. Na matéria da Folha vários depoimentos ilustram o inferno.

Augusto Vilas Boas de Lima, 47 anos, comerciante de produtos pela internet. As pessoas compram seus produtos, mas moram em áreas onde o Correio desistiu de entregar. Assim as peças vendidas continuam paradas na agência do Correio. No caso de Augusto, a de Itaquera, próxima do Corinthians. Diz Augusto, "Preciso retirar de volta na Agência porque também os Correios não entregam no meu endereço. Às vezes nem compensa porque fica mais caro o combustível do que a peça". Ou, Thamires de Oliveira, grávida de nove meses e com dois filhos, Miguel, 6 e Bernardo 3, que estavam com ela na agência do Correios do Itaim Paulista. Disse que os filhos mandaram cartinha para o Papai Noel dos Correios. "E que receberam a informação que precisavam ir retirar seus presentes na agência porque não entregavam na região onde moram...".

Existe no Correios, uma espécie de ranking dos funcionários mais assaltados. Alguns, mais de 30 vezes. E muitos em licença médica por problemas decorrentes.

A declaração de um funcionário do Correios ilustra, tragicamente, a calamidade: "Tirando a região central, os criminosos veem os carros dos Correios e já contabilizam dinheiro em caixa". Ninguém vai fazer nada, além de continuarmos construindo muros e investindo em cadeados, alarmes, aplicativos, blindagens, segurança... Pelo jeito batemos no fundo do poço. E a sensação que tem mais fundo ainda, depois do fundo.

Iogurte Grego, ou o Marketing, os Negócios, a Vida, no Brasil

E aí a Vigor lançou, com extraordinário sucesso, o Iogurte Grego. E quase todos os demais concorrentes, pequenos e grandes, correram atrás. Dentre outros, a gigante Danone. E, claro, a Vigor incomodou-se. Não apenas com a atitude, como, principalmente, com a parecença – semelhança – cópia – da embalagem da versão do iogurte grego, da Danone. E ingressou com uma ação na justiça há quase cinco anos. E aí veio a primavera, verão, inverno, Dilma caiu. Temer foi gravado, Bolsonaro ganhou..., e... Nada. Até que semanas atrás, e finalmente, a decisão da juíza Renata Maior Baião da 19ª vara civil do foro central da cidade de São Paulo. Segundo Renata, a atitude da Danone traduz-se numa "afronta ao princípio da boa-fé objetiva", utilizando "embalagens com notória semelhança as utilizadas pela Vigor".

Diz mais a juíza Renata, baseada no laudo de um perito: "o pote utilizado pela Danone apresenta forma plástica que se identifica com o pote utilizado pela requerente Vigor, possibilitando causar confusão junto ao público consumidor, bem como indica a prática do "passing of" (falsa representação da marca para induzir o consumidor a erro no ato de uma compra...)". Certo? Certo! Não, Errado! E daí? Daí que esse é o ambiente de negócios no Brasil. Daí, que, nada!

A Danone vai recorrer, e daqui a 10 anos, e se tudo continuar sendo como sempre foi até agora, finalmente, lá por 2030, 2040, teremos uma decisão final, que não fará mais o menor sentido, e onde, e provavelmente, o tal do iogurte grego não queira dizer mais absolutamente nada... Que o iogurte da moda seja o chinês, e os prejudicados que reclamem ao papa... O quinto sucessor depois de Francisco. Muitos Papas serão eleitos, mais fumaças pelas chaminés do vaticano, antes de uma decisão final sobre o iogurte grego dos anos 2010, lembram...

Há 17 anos a Nestlé comprou a Garoto. O mundo já deu quinhentas mil piruetas, alguns tsunamis aconteceram, 2 Boeing 737 Max despencaram, 4 Copas e 4 Olimpíadas foram realizadas, e ainda o Cade não aprovou a compra...

Quando nós todos ouvimos falar que o Brasil é uma selva, um país inóspito para negócios é de situações como essa que estamos nos referindo. Onde as empresas pensam quinhentas vezes antes de investirem em novos produtos, absolutamente conscientes que investir no Brasil é ingressar num trem fantasma. Onde, a qualquer momento, tudo pode acontecer...

Já em caso de sucessos, muitos concorrentes copiarão e procurarão abocanhar parcela expressiva dos louros da vitória. E o inovador que vá reclamar ao Papa, que seguramente não será Francisco. Ou seja, um país de garantias zero. Onde tudo pode acontecer, infelizmente. Onde a única certeza é que tudo é proibido, ou permitido, mas não pode, veja bem... Quem sabe talvez... Segurança jurídica zero.

Depois reclamamos de como somos retratados nos filmes. Onde dentre os destinos preferidos por bandidos de toda a espécie, o primeiro lugar destacado é nosso querido país. O único quesito no turismo mundial em que detemos a liderança absoluta. Como uma vez mais estamos comprovando neste triste momento.

Paradoxos da Vida Moderna

Nos jornais de meses atrás anúncio de uma página. Na metade de cima, o desenho de três homens com as bocas vedadas por lenço. No título, e referindo-se a data: "Hoje é o dia em que o mundo discute o tabagismo". E, no texto: "Todo mundo já sabe que fumar faz mal e parar é sempre a melhor opção". Mesmo assim, muita gente ainda continua fumando. Atualmente, 48 países, incluindo os Estados Unidos e quase toda a Europa, já oferecem aos fumantes alternativas mais tecnológicas, como os cigarros eletrônicos e os aquecedores de tabaco. Essas alternativas não são livres de risco à saúde, mas são melhores do que o cigarro tradicional.

No Brasil, não estamos sequer discutindo o assunto. E, ao não discutir as novas alternativas para o fumante, seguimos protegendo o cigarro tradicional. Neste dia, convidamos todos a retomar essa discussão. Afinal, milhões de brasileiros que continuarão fumando, seguem sem acesso a melhores alternativas ao cigarro... Assinado, Philip Morris Brasil.

Simplesmente inacreditável! Uma das empresas que de forma consciente e brutal matou com sadismo e perversão, em doses homeopáticas, 20 a 40 por dia, nossos bisavós, avós, pais, tios, amigos. Sem o menor constrangimento, e diante de uma sociedade insensível, depois de estuprar milhões de seres humanos pelo mundo, vem vender um estupro mais delicado e compassivo. Ao invés de palmito com casca e sem lubrificante, pepino selvagem grosso com três gotas de lubrificante. Finalmente, a humanização do estupro! Mas, e para quem preferir, continua disponibilizando, em centenas de milhares de pontos de venda em todo o Brasil, o estupro basicão, o velho e mortal cigarro.

Não estou fazendo este comentário em defesa da proibição. Proibir, Jamais. Mas, enquadrar e punir nas leis e regulamentos, sempre. Temos horror, ojeriza, urticária, sobre qualquer forma de tutela. Muito especialmente, do Estado. Mas não é possível continuarmos assistindo passivamente a apologia de cínicos, canalhas e criminosos, comprovadamente responsáveis por milhões de mortes mediante assassinatos praticados de forma consciente e criminosa e covardemente disfarçados, e não termos, ao menos e ao lado, o contraditório, a manifestação dos que perderam seus entes queridos mediante a técnica de assassinato e envenenamento dissimulada no formato de cigarro e em comerciais que prometiam conquistas, sucessos, e realizações.

Além de todas as restrições já impostas ao cigarro, todas as vezes que uma cigarreira fizer uma chamada pública para qualquer causa – não merecem confiança – no mesmo espaço, obrigatoriamente, deveria vir a manifestação contrária do outro lado. E depois, quem quisesse se matar que seguisse adiante. Não se trata de cenas do mundo antigo. Trata-se de cenas de indução escancarada e assassina, presenciada e testemunhada em 2019, de empresas que já deveriam ter sido banidas do universo corporativo, pelos milhões de crimes cometidos. Não só não foram banidas como nos chamam de idiotas por não aceitarmos um veneno supostamente mais suave. Não defendemos pena de morte para pessoas, mas defendemos prisão perpétua. Já para empresas como as cigarreiras, cadeira elétrica é pouco.

J&J, Uma Vez Mais, na Justiça Americana

Meses atrás aconteceu um dos julgamentos mais esperados nos Estados Unidos, e no ambiente dos negócios. Decisão judicial no Estado de Oklahoma condenou a Johnson & Johnson a pagar US$ 572 milhões de indenização ao estado que, segundo a ação, está devastado, economicamente, em decorrência da quantidade descomunal de mortes causadas pelos opioides. Outros 40 estados americanos iniciam semelhante litigio contra a J&J e outras farmacêuticas.

Tudo começou no ano de 2017, quando, e diante da incidência de graves problemas decorrentes do consumo de opioides, o procurador geral de Oklahoma, Mike Hunter, processou 3 grandes empresas farmacêuticas por criar um problema público de graves consequências, inundando aquele estado de opioides que passaram a ser ministrados de forma indiscriminada mediante qualquer tipo de dor. Opioides, que, segundo o julgamento, provocam o vício. Antes da virada do milênio os médicos só receitavam opioides em situações de dores insuportáveis, quase sempre nos processos pós-operatórios e para pacientes terminais. Só no estado de Oklahoma, comprovadamente, mais de 6 mil pessoas morreram em decorrência desse excesso.

No julgamento foram revelados dados alarmantes. No ano de 2017, onde a grave crise se evidencia, as farmácias – computados todos os números –, venderam uma média de 479 opioides a cada hora. A situação da J&J é particularmente grave e complicada porque fornecia a matéria-prima para outras farmacêuticas. No final de sua decisão o procurador Mike Hunter afirmou: "O esquema comercial da J&J foi motivado pelo desejo de ganhar bilhões tomando conta do território da dor. Assim, desenvolveu um plano e colocou em prática procurando influenciar e convencer os médicos a prescreverem cada vez mais opioides, mesmo sabendo que provocavam dependência e morte".

Simultaneamente a esse primeiro julgamento foi divulgado um informe do Instituto Nacional sobre o Abuso de Drogas dos Estados Unidos que o uso de opioides e outras drogas vêm debilitando ainda mais o sistema de saúde daquele país. O prejuízo estimado por essa epidemia de drogas e opioides foi calculado em US$ 78,5 bilhões no ano de 2018, pelos custos da saúde, mais perda de produtividade, tratamentos de dependência, e, ações na justiça. A J&J diz-se injustiçada, que é inocente, e que vai recorrer.

Será que é injustiçada? Infelizmente acho que não... Vamos conferir os antecedentes... Há pouco mais de um ano a empresa foi condenada a pagar uma indenização de US$ 4,6 bilhões a 22 mulheres que alegam ter desenvolvido câncer de ovário ao usar os talcos produzidos pela empresa. Das 22 mulheres que foram à justiça seis morreram de câncer no ovário. Segundo os advogados das vítimas a Johnson sabia que seu talco estava contaminado com amianto desde os anos 1970. Uma vez mais a empresa negou as acusações, mesmo enfrentando mais de 9 mil processos judiciais envolvendo o talco que fabrica para bebês.

No dia 14 de dezembro de 2018, a revista *Veja*, afirmava, tendo como base uma informação da agência Reuters, que... "A Johnson & Johnson sabe há décadas que o seu talco continha amianto, uma substância cancerígena proibida no Brasil e em muitos outros países".

Segundo a reportagem: "uma revisão dos documentos relacionados a um processo que o gigante farmacêutico enfrentou e perdeu na Justiça dos Estados Unidos, comprova o conhecimento por parte da empresa. A pesquisa revelou que entre 1971 e o início dos anos 2000, executivos, mineradores, doutores e até advogados estavam cientes de que o talco cru testava positivo para a presença de amianto. Muitas vezes, até mesmo no produto final era detectada a substância...". Será que a empresa está sendo injustiçada, mesmo? Meses atrás, outubro de 2019, a empresa providenciou o recolhimento de 3,3 mil potes de talcos após testes indicarem a presença de amianto. Como é possível, uma empresa da dimensão e importância da J&J, continuar adotando as mesmas práticas que resultaram em monumentais condenações?

Pergunta: Até quando a J&J insistirá em conviver com essa grave acusação sem demonstrar e provar, de forma cabal e incontestável, que a acusação não procede, ou... Se procede, porque a J&J insiste em manter o talco em sua linha de produtos? Crescemos vendo na marca J&J, pelo forte impacto de suas embalagens brancas, pelo sabonete em barra para dar banho nos bebês, pelo shampoo Chega de Lágrimas, pelo talco para colocar nas dobrinhas das crianças e prevenir assaduras depois de limpar essas crianças com o óleo Johnson na troca da fralda, pela promoção Bebê Johnson, como uma marca abençoada e protetora das crianças. Assim, jamais, em hipótese alguma, passou pela minha cabeça que a J&J convivesse tranquila com acusações tão graves.

E por essa razão, não conseguimos aceitar que a empresa continue convivendo com todas essas acusações e não se posicione de forma definitiva e cabal, e compatível com a imagem que construiu em nossos corações e mentes. Se nada for feito, de forma afirmativa, convincente, e inquestionável, temos certeza que nós, consultores do MadiaMundoMarketing, como pessoas, e milhões de pais e principalmente mães, teremos, de longe, a maior decepção de nossas vidas com uma marca em que confiávamos incondicionalmente!